越後新潟のお念仏歳時記

阿弥陀さまは人生舞台のセーフティネットです

目次

三　親鸞聖人の七不思議ご旧跡

四　安全ネットの阿弥陀さま

一　越後門徒の四季

① 一年の計は報恵講

ホンコ着物とホンコ下駄

報恩講《ほんこ》は真宗の門徒にとって年に一度の最高行事、浄土真宗の宗祖、親鸞聖人さまのご法要です。法要期間中は農休日、どこの家でも「ホンコ団子」づくりに精をだし、親類にも配ります。

若い者は「ホンコ着物《ぎもん》」や履物の「ホンコ下駄」「ホンコ足駄」を新調してもらい、その年に嫁入りした初嫁は姑に連れられて着飾っての初参りのお斎つき。

秋の収穫が終わるとどこの寺でも報恩講がつとまります。浄土真宗の蒲原の門徒地帯は、どこも正月よりも報恩講を中心に年間の行事が営まれていました。

それは西欧が正月よりクリスマスが中心であるのと同じこと。小針の村は一軒残らず門徒で全く他宗派はありません。村あげての仏事です。

お寺のない村でも近く、寺尾・青山では門徒が自主的に僧侶を招待して報恩講をつとめ、お説教の法座がつとまり、お斎を振る舞うのが昭和五十年頃までの風景でした。

お供え取りとお磨き

秋の田の収穫が終わる（秋仕舞い）と、お初穂を本堂の仏様にお供えする「お仏供米《ぶくまい》」の奉加（寄進）が世話方のご苦労の仕事。そのあと報恩講に供えるお餅の「もち米奉加」、それをお寺の台所で杵でついての「お供え取り」はお婆ちゃんたちの役目。一方お爺ちゃんたちは本堂仏具の「お磨き」です。餅つきの樋口秀次さんや山下善蔵さんの姿が思い浮かびます。

冬を迎えての本堂の冬囲い、吹雪が入らぬよう本堂正面を板戸で囲う組み立て作業もなされました。

最近は小雪化もあってこの冬囲いの風景も消えました。

お華立て＝立華《りっか》＝

報恩講を迎え、お内陣を飾るのはお華です。立華で六杯分の材料集めから大変です。ボク（木）にさすビャクシンや赤松など遠くまで切りに行ってもらいました。小針近辺は黒松だけで、材料となる赤松はありません。

お華立てには古くは伊藤徳松爺ちゃんが、その後樋口仁三郎さんなど何日間も詰めておられたことが偲ばれます。

お斎の準備も大変です。めいめいにお膳に

お椀でのおもてなし、精進料理の下準備も何日も前から、「勝手」（台所）の手伝いは常連の主婦の腕の見せ所。塗りの膳椀の後始末は何人もの手をへて最後は薄い絹の布＝モミ＝で拭いて仕上げる丁寧な作業でした。

五昼夜のおつとめ

報恩講は十二月の十四日の晩、お初夜から十八日のお昼まで五昼夜つとまりました。五日間お説教をいただく布教使さんのご到着。お説教は午前の「お日中」、午後の「お逮夜《たいや》」、夜の「お初夜《しょや》」と毎座二席づつ、この間三十席ちかくの連続法話です。しかも参詣者も同一ですから説教は大変なご苦労がいります。またお泊りのご接待も同様です。

四日と六日の晩は在会《ざいかい》。「在会」とは寺でなく在家で法座がつとまることで、これを「お宿をする」といいます。

家中のふすまを外し、仏間から茶の間に廊下まで家いっぱいのお参りです。

また、ふだん自主的に僧侶を招待して「お座」を開くことは門徒では通例のことで、熱心な家庭では高座を用意してあるお宅もありますが、小老も若いとき「コタツやぐら」に座布団を重ねた高座でお講の説教の思い出もあります。

大逮夜《おおたいや》・お通夜

五日と七日の昼はお斎《とき》づき、とくに七日の午後は「大逮夜」といって、明日の親鸞聖人のご命日をかたどる、前日の一番重要な法要にあたります。

一家の主婦と主人がお参りしてお斎につくため二日間のお斎があり、大逮夜には必ず一家の主人が参るという門徒の大切な報恩講です。

五日・七日のお初夜には聖人の九十年のご苦労生涯を伝える「御伝鈔《ごでんしょう》」が拝読されご苦労を偲びます。七日は「お通夜」初雪の降り始める夜寒、甘酒が用意されます。

お通夜では、当寺では衣をつけた人は必ず法話をする習わし、小生も高校休学中に門徒に促されて高座に上がったホロ苦い経験があります。それも寺の後継ぎ・後継者を育てようという熱い願いからでした。

夜のお座は若い衆、青年男女の参詣でいっぱい。昼にお参りした親が夜は若い者にお賽銭を与え「眠っておっても仏法は毛穴から入るもの」と家から追い出しても聴聞することを勧める。

お通夜は夜遅くまで老若男女、お念仏の法に浸りつつ、楽しく賑やかに明日のご満座、聖人のご命日を迎える前夜です。

ご満座とまな板なおし

十八日は午前でご満座法要。住職は最高の法衣、七条を袈裟を着け荘重に登壇、めでたく千秋楽となります。

千秋楽とは雅楽で「千秋楽」という曲名があって、その楽《がく》の音で終了となることを意味します。

終わって世話方は本堂のあとかたづけと五日間のご苦労をねぎらっての「まな板なおし」です。まな板なおしとは、報恩講の間は精進する、魚など生臭いものは食べない決まりから精進のまな板が解禁になる由来で、賑やかに酒肴の酒盛りでの慰労です。

報恩講の準備は、一ヵ月前から夜の青年たちの「おつとめ」の稽古から始まり、準備や法要のおつとめは大変な苦労と難儀の連続、祖母の「報恩講が終わってヤレヤレ言うな」の言葉が耳に残ります。

聖人の恩徳讃、

「如来大悲の恩徳は、身を粉にしても報ずべし。師主知識の恩徳は骨をくだきても謝すべし」

聖人九十年、阿弥陀さま五劫十劫のご苦労の恩徳に報いての「報恩講」が、これでヤレヤレ終わったとは、忘恩と不信心の態度への諌めです。

それでもやっぱり「ヤレヤレがでますな」とは門徒の述懐でした。
千秋楽をもって真宗門徒の一年は暮れていきます。

瑞林寺本堂

② 越後の冬は仏法の季節

お年始参り

真宗門徒の正月は静かなものです。昔から門徒は正月に門松も飾らないので「門徒もの知らず」と言われる理由の一つでした。

各家庭では年の暮れには御仏壇のお掃除、お仏具のお磨き、お花飾り、打敷をかけ、お餅を供え新年を迎えます。

元旦はお寺の本堂の阿弥陀さまにご挨拶、お年始参りから始まります。

お寺では朝早くから夕方まで、さみだれ式にお参りになる。そのおり、お屠蘇《とそ》を用意する。またその年に当たっている家の法事の日取りを相談する習いです。

お寺への年始参りがすむと鎮守の宮参りや親戚の御仏壇参りに廻る、これが伝統的な真宗門徒の元旦でした。

當山では昭和五十年頃より長年の習いを改めて、時間を定め、門徒の皆さん一堂に会して一緒に新年の修正会《しゅしょうえ》法要をつとめる。住職、総代の年頭の辞の後、お庫裏でお屠蘇で祝っています。

真宗の伝統では、どんな離れている門徒でも、お年始参り・お盆参り・報恩講のお参りを「三期《さんき》の参り」という言葉で伝えてきました。これだけは欠かしてはいけないということです。

雪の冬は仏法の季節

小針が月遅れの二月正月から今のように元旦に正月を迎えるようになったのは昭和三十五年頃かと思います。

坂井輪村が西蒲原郡から新潟市に合併したのが昭和二十九年の十月、その頃までは一月は「町の正月」、二月は「在郷《ざいごう》の正月」、といって二度の正月を雪の中で過ごしたものです。

二月の正月をはさんで春耕の始まる春彼岸ころまでは「お取り越し」（在家報恩講）「せきじさい」「春じさい」が門徒家庭では村親戚を招いてつとまります。また、東西別院からの巡回のお講や、熱心な門徒は自分の帰依するお坊さんを招待して法座を開く。在家で開かれる法座のことを「在会《ざいかい》」といい、法座の会場を持つことを「お宿《やど》をする」といいます。

蒲原の深い雪の中は毎日、毎晩お寺やどこかの家で法事や法座がつとまり、聴聞、聞法の座があり、互いに信心を深める座談を交わし、お念仏の声が響いていました。越後の冬は門徒にとって春耕に備えての心身のエネルギーを充電する大切な季節でした。

お取り越し

お寺の十二月の報恩講が終わると在家の報恩講「お取り越し」が各家庭でつとまる。

浄土真宗の門徒は各家庭でご開山さま、親鸞聖人のご法要を必ずおつとめする。これが流儀でした。

遠く離れた門徒には、住職は一年に一度は必ず檀家のお取り越しのおつとめに廻る、これを蒲原一帯では「廻檀《かいだん》」といい、また報恩講廻りとも、北陸地方では「秋廻り」ともいっております。

住職は村から村へ各家のおつとめをして夕べには村の檀家が集まって一緒にお斎、その後宿を会場に法座が開かれる。

門徒の多い寺では住職は何日も泊まりがけが続き、また、その際に法事をつとめたり、また仮葬ですましていたのを正式な葬式としてつとめる所もありました。

じさい（持斎）

お取り越しが終わると旧正月の一月は「せきじさい」がつとまります。「せき」とは節季のなまった言葉で年の暮れのことで一年の総まとめのおつとめ、この場合は村内の親類（じさい親類）を招待し、読経のあとお斎、お説教と続きます。同じように二月の正月も松の内を過ぎると「春じさい」が始まります。これを「月忌《がっき》初め」ともいいました。

このように、越後の深い雪は念仏が大地に染みとおる大切な冬です。仏事をサイクルにして一年の生活がある。これが越後の精神的風土の背景です。

③ 仏法は毛穴から入る

小針の冬の風景

二月正月は雪の中、冬仕事は縄縫いに俵編み、大雪になれば野菜が不足して値が上がる。

砂丘地の畑の大根、ネギを雪の中から掘り出し、砂丘の底から湧き出る清水は温かく、そこに屋根がかかった洗い場で洗って本町の市へ背にかついで行く冬の生活でした。

三月の彼岸も近づき、雪解けになれば田打ち、それまでは秋が終わると田んぼ一面満々と湖水のようにはられた水面も、節約していた排水機のポンプが動き出して、ようやく土が現れる。いよいよ田起こし春耕の始まりです。

冬季の湖水が乾田化するのは昭和二十四年頃の耕地整理を終えてのこと、それまでは田んぼとは気づけない、湖沼のなかに点々と集落の茅葺きの屋根が浮かんで見える風景が坂井輪一帯、蒲原の冬の農村の姿でした。

人の手で打っておった田打ちに牛の力が加わったのが昭和十四・五年頃といわれ、耕運機―小型ティラー―が小針の田んぼで使われ始めるのが昭和二十九年頃といいますから、坂井輪村が新潟市に合併する昭和三十年前後が農村の機械化のはじまりともいえましょう。

自動車は三輪車のクロガネ号が昭和二十六年に村で初めて前田（五助）さんが求め、これは農協より早かったとか、耕地整理が終わった田んぼ道を走ります。昭和三十年中頃には村中が自動車を持つようになってモータリゼーションの時代が幕開きます。

雪の中のお座

七日正月も過ぎると年始ぶるまい（年始寄せ）や小正月藪入りがすむと「春じさい」が各家庭でつとまります。


「じさい」はおつとめの後、お昼のお斎となりますが、小針は仕事が忙しいので日中は勿体ないと宵につとめる習わしでした。

日暮れになると案内の触れが「時分使《じぶん》い」といってこれは子供の役でした。（じぶんがいいすけぇ来てくらっしゃれ）じさいは村親類の新年の顔合わせもかねます。手土産にお布施持参が原則ですが、小針は水害など苦しかった時代からの申し合わせで、古くから焼香銭だけのしきたりでした。

「おつとめ」は阿弥陀経でしたが、途中からお正信偈六首引き和讃の唱和にして、自然に皆が「おつとめ」できるようにしました。

小針は他門徒（瑞林寺以外の門徒）はあっ

ても、全戸が浄土真宗の門徒で「じさい」は当地の寺でつとめるのが習わし、重なると一日に三軒も四軒もある。その時は住職が「おつとめ」をして最後の家でお斎をよばれ、お経の済んだ家には住職の代理としてお斎だけ坊守《ぼうもり》や稚児《ちご》に招待がある。私も小学生の頃、住職に代わってじさいのお斎の席についた思い出があります。

隣の坂井の村では混んでくると、昼じさいだけでなく朝じさいがあったそうで、朝飯抜きでお参りが始まるとか。一方西川をはさんだ小新の村では全戸、他宗の家でもじさいをつとめお斎のあと村人を案内して法座が開かれる。万栄寺様の先々代などは、毎晩連続二ヵ月あまりもお説教を語られ、「説教は毛穴から入る」と古来からのいい習わし、自然にお念仏の教えが身体にしみついてゆく。これが真宗の風土です。

また、篤信のよく法座（お座）のお宿をする家では高座の用意がしてあり、また高座代わりにコタツやぐらに座布団を重ねてお説教をした若い頃を思いだします。

初お講と春彼岸

本堂での法座の始まりは初お講、二月の二十八日が恒例でした。その時は、毎年佛光寺のご本山から差し向けられるお使僧様をお迎えして二昼夜つとまり、お説教が終わると、隣寺の黒鳥の威徳寺様まで荷物持ちの供がついてお送りしました。

　春彼岸には彼岸説教があり、彼岸法要がつとまりました。真宗門徒はお寺本堂にお参りして阿弥陀様の教えを聞く聞法《もんぽう》聴聞《ちょうもん》が中心で、お墓に参る習わしはあまりありませんでした。

　最近はテレビの影響か、彼岸＝墓参りが風潮になっていますが、これは都会の他宗派のことで、仏の教えを聴くことを外して真の宗教心はありません。

　瑞林寺の今日は、三月十八日が本山からのお差向布教と、春のお彼岸法要でお斎付でつとまります。

念仏は毛穴から入る

④ 法事とお宝さま迎え

秋法事・夏法事

じさいの話のついでに法事・法要・年忌のことを記します。

最近は命日を中心に日取りを決めますが、農村では「秋法事」といって収穫を終え、農作業が一段落する「秋仕舞い」が済むと一斉に法事が始まりました。土日や祭日に関係なく、今日はこちら、明日はあちらの家と村中が秋の法事シーズンを迎えます。

蒲原地帯でも、東京方面に分家の多い所は、お盆の帰省にあわせてつとめる「夏法事」という言葉があり、お盆の暑い真っ盛り、八丁立ての和ローソクの熱も加わると連日の夏法事もなかなか大変です。

伝え聞くところでは、古くは前日の午後から二日間にわたって法事をつとめたそうで、前日は「おふじ」といったそうですが、これは「お非時《ひじ》」の訛った言葉と思われます。

法事には、浄土真宗の根本となる、「大無量寿経」「観無量寿経」「阿弥陀経」の三部経典「三部経」をあげます。これには長時間を要しますので、前日午後にお経の大半をあげ、当日は触《さわ》りをあげてお斎となる、それは丁寧なおつとめでした。

また、法要のお経の中休み、途中休憩には親類から供えられたローソクを取り替え、お坊さんにはお茶ではなく、のどを調える砂糖湯を用意する習慣でした。

法事を法要とも呼びますが、一般には年忌といい習わしていました。

法事は家にとって最も大切な行事で、早々に日取りの案内をします。これを「法事使い」といい、無断欠席は、親類関係を断つことを意味します。昔から法事の案内には出欠の返事を取る習慣はありません。やむをえず欠席の場合は、前もってお参りに伺うのが礼儀です。

お宝さまお迎えとお礼参《れいさん》

法事はご本尊、お寺のご本尊阿弥陀様をお迎えしてつとめるのが正式です。

このご本尊のことを、門徒は「お宝様」と敬って当日の朝お迎えに上ります。法要が終わって家族親戚そろって「お宝様」のお礼に本堂にお参りするのが「礼参」「お礼参り」です。

――越後の門徒は阿弥陀さまも「お宝さま」と敬い、本堂のご本尊を自宅にお迎えして仏事をつとめます。「お宝さま」とは私にとって最も大切なもの、いのちに値する念仏の信心のあらわれです。現代のお宝―金・物―を考えると心の劣下を知らされます。――

　これは葬式の場合も同様で、礼参は親の法事の場合、子供や親の実家や弟妹など血の濃い縁者に、当家の主人が「これから一緒に礼参に同道して下さい」と声をかけます。同道する人は、その時「礼《れい》参」という包みものを用意します。この礼参が終わって初めて法要の行事が終わりとなります。

　最近は、住宅事情の変化から本堂での法事が多くなりましたが、昔は本堂でのおつとめを「上《あ》げ法事・上《あ》げ斎《どき》」といって内輪の簡素という意味が、今日は変わってきました。

檀飾りと招く親戚

法事のお宝様をお迎えする時、部屋の床の間に飾るお壇と、仏具一式（花ひん・ローソク立・香炉・供笥《くげ》（六合）・仏飯器・打敷・他に五丁立のローソク立）が檀家共用の檀箱として寺に用意されております。

　戦前は、この壇と仏具で葬式も営みましたが、今日の葬式は葬儀屋さんが一切代行してつとめる華美なものに変化しました。

　事情により、内輪で法事をつとめるときは「お宝様」をお迎えせずお内仏（仏壇）でつとめる、これを「年忌じさい」といいました。

この時は、三部経でなく「観無量寿経」をあげる習わしで、古老はそのことを心得て「今日は観経でお願いします」という挨拶でした。

「年忌じさい」とは「年忌（法事）」と「じさい」の中間という、招く親戚の規模から生まれた言葉のようです。

親類にも縁の深さ、遠近種々あって、使い分けをしたものでした。

葬式親類（大）

法事親類（中）

じさい親類（小）

他に、普請《ふしん》親類もありました。家を新築した時は、葬式親類よりもっと広く縁者にお使いしたものです。

家の建築は、普《あまね》く（あまたの）力を請《こ》うて（協力いただいて）建てる百、二百年住む建物である、というのが常識で、これほどのスパンでのお互いの絆で暮らしていたのがつい最近までの日本人の生活でした。この頃の住宅は消費材あつかいの業者まかせ、住宅事情も変わりました。

新築の祝いを門徒は「わたませ」と称しています。わたませとは「お移徙」（わたまし）の訛りで、仏様を新しくでき上がった家にお迎えすること。新築祝いの儀式法要です。

建てた人間の入る前に、まずご本尊、仏様

にお入りいただくという姿勢態度、これが真宗門徒です。

⑤ 門徒の彼岸風景

彼岸お参り

お彼岸にはお墓参り、という風景は、以前は越後の浄土真宗の風土にはあまり馴染みのないものでした。

テレビが東京のお彼岸のお墓参りを映すようになってから、新潟でもお墓参りが一般化してきたように思われます。

関東でも、東京都内だけが七月のお盆でひっそりと静かなもの、そのかわり、春秋の彼岸には必ずお墓参りをしてお寺に挨拶するのがしきたり、東京の彼岸の賑わいは、新潟のお盆のような風景にあたります。

お盆といえば、東京以外の田舎の月遅れの八月のお盆を中心に、日本中の民族移動が始まります。

考えてみると、すべてが東京を中心に時計が回っているのに、お盆だけは東京が空白になって地方が主人公になる唯一、稀なる一瞬です。

月遅れのお盆が古くより、広く日本中に定着したのは、八月が農家の作物の端境期《はざかいき》に当たり、そこに夏休みが重なることからでしょうか。

門徒の彼岸風景

新潟では、お盆がすんで秋彼岸、それも秋の収穫、稲刈りの真っ最中にあたります。

お彼岸といえば「彼岸説教」、という言葉が帰ってくるのが門徒の対句で、彼岸の七日間は毎日午後、本堂でお説教の法座がつとまる。七日間を略した場合は「初中後」三日間、初日・お日中・後日につとめ七日目の最後の法座を「はてばん」ともいいました。

門徒の方々は本堂に参集し、法要に会い、教えに耳を傾け聴聞して語り合う。しかし、お墓に花があがるという風景はあまり見かけませんでした。真宗のお彼岸は、お盆も同様どこまでも本堂が中心です。

浄土真宗の門徒にあってはお寺の本堂は阿弥陀さまのおられる浄土の世界であり、私も私の先祖もわが友も常住する仏の世界です。

お浄土はわが家であり、わが故郷です。

この本堂の浄土をミニにした小さくしたのが家庭の仏壇です。

お墓に参れば良いにとどまらず、どこまでも仏の教えを聞く身になること、これを法供養といいます。

ご先祖様は今どこに

ご先祖様は今、どこにおいでになるでしょ

うか。

　みんなわが家に仏壇があり、お墓もありま す。お寺もあります。

　このごろの「千の風」の詩のように、風になって舞う雲になるのか、それとも天国なのか。それとも散骨されて海中か、山の林の中か、樹木葬で木の根っこか、あまり意識しないで法事だ、お寺参りだ、お盆・お彼岸のお墓参りだと、まさにさまざま、まちまちです。

　一体どこが本で、どこが末なのか、あまり考えないで済ますのが日本人なのでしょうか。逆に考えればこの「私」はどこへゆき、私は「どうなりたい」のでしょうか。

　漠然と生まれ、漠然と死に、あとは骨に成る。


「成仏ならぬ成骨」、かけがえのない人生が骨という物質に帰する。そのわくの中でしか頭が働かなくなったのが現代の淋しさです。

　私は、いのち・たましい・精神、こころで生きてきました。それに形を与えたのが肉体です。すなわちこの世の誕生でした。

　その尊い人生を尽くして、仏さまの世界、お浄土に生まれて仏に成り、衆生を救う仏の活動の展開が始まります。

浄土のご先祖さま

⑥ 報恩講のお説教

報恩講今昔

報恩講の準備ができて、いよいよ当日を迎えます。報恩講を「お七夜《しちや》」ともいい、正式には七日間つとめます。本山では、十一月の二十一日から親鸞聖人の祥月命日十一月二十八日お午《ひる》の御満座まで、これを「御正当」報恩講といい、各お寺ではご本山に前後してつとめる「お取越」とも「お引上」ともいわれます。

以前は、瑞林寺は十二月の十四日のお初夜から十八日のお日中までの五日間つとめました。

当時は月遅れの二月正月、昭和二十九年坂井輪村が新潟市に合併、村から町になったかと昭和三十五、六年ころを境に一月正月に変わり、報恩講も一ヵ月引き上げ今の期日になりました。

昔は十一月いっぱいの秋の取り入れが終わり、十二月の雪を見るとどこの町や村々でも報恩講がつとまる蒲原の風景でした。

お客僧のお説教

報恩講の間、お説教をいただく布教使さん

をお招きします。これをお客僧といい、お念仏のみ教え、聖人九十年のご苦労など、お日中（午前）、お逮夜（午後）、お初夜（夜）と五日間、法要のおつとめとお説教がつづきます。

ずっと以前は、お朝事参りもあったそうで、提灯をもって未明の朝参り、終わって自宅に帰り（これを下向《げこう》という）朝食をいただいたそうです。

幼いころの記憶にある戦前戦後ずっと桃川法海さん（巻町）。私が寺に入ってからも、佐藤扶桑（糸魚川）・梨本哲雄（矢作）・渡辺普随（山崎）・原公明（須頃）・大谷義博（東京）・深沢光有（札幌）師など、今は石川県の吉峰教範師とそれぞれ長いこと出向いていただいてお説教をいただいております。

都合二十席の連続法話、お参りする人は変わらず、説く方も力量がためされます。

在会とおとき（斎）

報恩講の始まりは四日のお初夜、これは在会でした。在会とは在家（民家）でつとまる法座です。

夕餉にお客僧をお迎えし、仏間から茶の間まで襖を開け放し、ときには廊下まであふれて参詣でいっぱいになります。本堂は寒いけど在家は暖かく、村内の他、親戚や縁の深い人達の「仁義参り」もあります。

在会は四日と六日の晩で、お寺では準備と休養のひとときです。翌五日と七日は「とき（斎）日」ひら（平）・つぼ（坪）に大根、こんにゃく・麩（ふ）の煮しめ等、漆塗りの膳・椀で、勝手衆のご苦労のお斎をいただきました。夜はご伝鈔の拝読があります。

前坊守は吉野のくず粉で高野豆腐を試みたりしましたが、身体を壊してから、机の上に一富さんに委託した松花堂弁当を並べて三十五年ほどになりましょうか。

二日間のお斎は、それぞれ一家の主婦と主人がつく、親鸞聖人のご法事、報恩講のお斎です。


八日のご満座の前夜を「お通夜」といい、聖人を偲んで衣をつけた僧侶は短くともみな説教するしきたりで、十二月の夜寒、甘酒で身体を暖めつつ夜遅くまで聴聞する、これが報恩講の七日晩のお通夜です。

お斎の風景

⑦ 私の報恩講のはじまり

報恩講今昔

幾日もつとまる報恩講にかぎらず、「お勤め」後、必ずお説教があるのが真宗の法要です。

お説教は真宗の「いのち」ですから、報恩講のような何十席もお話することになると、大変な勉強と修練が求められます。聴衆も若い人から老人、男女学歴、都会田舎、門徒他宗と千差万別、その臓腑に響いて如来のお心をとどけることが坊さんの第一義の使命です。

私も高校生のときに、報恩講のお通夜の席で、年寄りの門徒の爺さんたちに「短くてもいい、何でもいいから語りなさい、書きつけ法談でもよいから」といわれて高座に上げられたものでした。当時の報恩講のお通夜の席では衣をつける者は、役僧さんもみんな、短くても一話法話をするしきたりだったのです。

私の報恩講

「書きつけ放談」とはノートやメモを持って話すことで、お説教は中啓（扇子）一つ、滔々と話すことがあたり前で、書きつけを持つことは未熟者のすること。

今のテーブル式の講壇とちがって高座で座って話す。そもそも落語も話上手の策伝というお坊さんが始祖といわれ、落語をはじめ講談、浪曲などの話芸から音曲、謡《うたい》と今日の演歌にいたるまで、すべてお説教のお語りが源流といわれます。

高座に上がって開口一番「人間は生まれで尊いのではない。私をお稚児さまとかご当院さまとか呼ばないで下さい」といったようです。母が寺の一人娘の婿取り。父は同派のお寺の次男で師範学校出の教員。寺のことはしなくてもよいとの条件で入寺。五十年ぶりに生まれた寺の後継ぎの男の子、祖父母や門徒の人たちからは期待を一身に受けて大事に大事に育てられたことへの反発だったようです。幼い時は坊ちゃん、稚児ちゃん小学三年に本山で得度を受けるお稚児さま。大きくなると御当院さまと呼ばれ、将来住職になれば御院主さまになる。寺がどんなに小さくとも、真宗の門徒地帯ではこれがふつうの習わしでした。

小さいときから背中に重荷を背負ったことへの若さの爆発だったでしょう。高座に上がることを勧めたお爺さんたちも、次から次にと反発的な話し方に「もう止《や》めなさい、止めなさい」と制止する一方「いや続けなさい」

と口論するなか高座を降りたようです。

9歳 得度式を終えた筆者

病い転じて仏教の大学へ

こんな経験を持ったのも、高校二年生の暮れ、風邪から肋膜炎という、胸に水がたまる結核になる手前の病の床に伏し、一年あまり休学する羽目になり、自宅療養の最中でした。

進学中心の高校でしたがあき足らず、中学からの陸上競技を続け、運動で鍛え試験は徹夜すればよい、などと高をくくった「つけ」。翌春四月から復学と願ったが、当時は未だ有効な薬もなく専ら安静と休養の時代、「あせらず、若い時にきっちりと時間をかけて治せ」の医師の勧告は、同級生の仲間から遅れる落第。この悔しさ、今まで人に褒められ、うぬぼれてていた自分が生まれて初めて経験する奈落の底に。布団のなかではらわたの底からの悔し涙、嗚咽の初体験です。

お寺に反発しつつも、寺の後継ぎに使命を

感じる身でありながら、学校とスポーツだけで仏教の本など読んだことがない自分が病の床からの読書の始まりです。

そのうちに良くはわからないが曽我量深、金子大栄という立派な先生がおられることを知ったこと、休学で身体も万全でなく、厳しい受験戦争を避けることを口実に仏教、親鸞聖人の浄土真宗を学ぶ京都の大谷大学の選択でした。病気、休学、落第が仏教を学ぶ身に仕上げてくれた原点です。

こんな状況のおかれた高校生が、初めて報恩講の高座に上がってはや六十年たちました。

布団の中での読書

⑧ 後生を願う

法要の儀式にはお説教が必ず伴うというのが真宗のおつとめです。

むしろ本来、仏法を聞き語り合う信心を育む場（道場）から発展して本堂になったのが今日のお寺です。

もともと本堂はご本尊の仏さまを安置するお堂で、お宮のように外から礼拝しますが、真宗の本堂はお浄土を飾るお内陣（おないじん）と、お説教を聞く外陣（げじん）の二つに割った形が真宗の特色です。また、この本堂のお内陣を小さくしたのが家庭のお内仏、お仏壇です。

法座の風景

本堂いっぱいのお参りを「満堂の参詣」本堂に入り切れない場合は「余間（よま）にこぼれる」と言いました。余間とはお内陣の両脇の間をいいます。さらに大法要の時は、本堂の外縁《そとえん》にも座れるよう「かけだし」桟敷《さじき》をつくります。

報恩講など老若男女満堂のお詣りがあたりまえ、お説教はお内陣から高座へ、朗々と語る「お語り」今では説教を法話、講話などいいますが、以前は「おかたり」という習わしでした。〝今日はありがたい、いいお語りだった〟と喜んだものです。お説教が一座終わるごとに〝ご報謝〟と声高らかにかけ声がかかります。すると長い竹の柄につけたザルをもって賽銭集めに廻る。私の子供の頃、「ご報謝」の発声をする小西七平老人の姿が思いうかびます。戦前は歓喜のあまり財布ごと投げたとか、また説教される布教使さんへのお礼（法礼）はお賽銭を寺と半分に分ける「せっぱん（折半）」が慣例だったと聞きおよんでおります。

後生《ごしょう》願い

熱心な浄土真宗の門徒を「後生願い」と称するのが一般的で、あの人は、あの家は熱心な「後生願い」だからといい習わしたものです。「後生を願う」とは「この人生を尽くして浄土に生まれ仏になる」人生の目的の達成、自己実現を願うことです。

現代人は長寿延命を願っても、この世かぎり、その先は虚無、暗黒の闇が待ち受けるだけで思考が及びません。人間すべて平等に死の刑は決定していますが、執行猶予中のあきらめの日暮らしが今日の老後の生活ではないでしょうか。

未来は闇、お骨になるだけ。知識は豊かになったが、闇を突破しようとする意欲、本能の退化したのが現代です。未来の闇を超えて光りを求め、光の世界、浄土に生まれて永遠のいのち、無量の寿を得ようとする本能意欲、その欲望が宗教心、念仏の信心というものです。

未来のドアの閉ざされた、先の暗い、先の無い人に真の生き甲斐や希望など生まれません。人生の目的も目標もなく、ただ漫然と「いたずら」に死を待つ動物に堕したのが今日の文明の人間の衰えの姿でしょう。

後生を願う門徒は、人生の目的に向かって一本道をまっしぐらに進む、生きる姿勢を確立しておりました。

後生寺・師匠寺

自分の縁のある、お世話になるお寺を新潟の蒲原一帯では後生寺、あるいは師匠寺といってきました。また旦那寺、檀家寺とも称し、本山では「手つぎ寺」が正式のようですが、菩提寺というのは浄土真宗以外の他宗の呼称です。

後生寺とは「わが人生の、わがいのち」の帰するところ、「仏と成り、仏の世界」私のいのちを託するお寺のことで、師匠寺とは、そのわが浄土へ教えを導く先生、師匠としてのお寺という、実際の信心の極めて具体的なところから生まれました。

お寺の住職とは、如来さまから預かった門徒の方々を、一人残らずお浄土へ導く、過去・現在・未来の三界の導師の本分を果たすことが与えられた使命です。

二　念仏者の群像

① 煩悩を喜ぶ猶七惣代と浄土の案内を求める重吉老人

小針という集落は、字のように小さな針、針は開墾の墾（ハリ）の文字転用で、古い時代の開墾地を意味するようです。墾＝針＝治＝張の文字にも当てたようです。それに対して、江戸時代の開墾地は新田、後に郷屋・興野・小屋ともいわれました。

瑞林寺は慶長三年（一五九八）四百年以前の開基と伝え、古くに開発されたが江戸期で石高面積には全く変化がありませんから、文字通り小さな開墾地として何百年もずっとよりそって三十数軒ほどが住みついての純農村、私の高校生までは新潟県西蒲原郡坂井輪村大字小針が地名です。

しかも西川、信濃川の最下流で三年に一度襲う洪水、上流が切れると溜まった水を排水できない。耕作不能の厳しい悪条件の中を、小さく貧しい村とお寺は、支え合って生き抜いてきました。

そんな中で誇れるのは、念仏の信に生きる、熱心な念仏者の姿です。「小針の者は相手にならん。寄れば後生《ごしょう》（信心）の話ばかりして世間話にのらない」と他村の人にいわれたそうです。

ところが、その熱心な念仏者の家ほどの働

きものの篤農家で大農となる。戦前の坂井輪村の高所得の十位の半数は小針の人達でした。その象徴は仏壇の豪華さで、家一軒の造作に値する立派な仏壇を競って求め、弥彦下では一番だと誇る、そんな余韻の残る小針の念仏の風土がありました。

煩悩さま、と喜ぶ

私が高校生の病気中のとき、寺の総代である半助さんの樋口猶七老人、いつも仏法を語るなか、

「煩悩さま、煩悩さま、この煩悩あればこそ喜ばしていただける」「この私を立派だとほめてくれるが、俺のはらわたをこの畳のうえに広げればお前たち驚き呆れてみんな逃げて行くわい」との口癖でした。

煩悩といえば、煩い悩む、自分を苦しめる種です。煩悩は悪であり憎むべき敵、これを滅し、断つのが仏教、宗教であるはずです。

その煩悩を、「ありがたい、この煩悩がなければ如来さまのご苦労、ご本願いただけない、この煩悩あればこその如来さま」と、老人の口からお念仏がほとばしる、不思議な信仰告白です。

断滅すべき煩悩が喜びの種となる、世間の常識とはまったく逆の価値観です。分からないながら、高校生の私の浄土真宗の教えを感

知したような経験でした。

この猶七老人は村会議長もつとめた村の長老であり分限者でした。

また、その親の惣太郎という人は有名な念仏者で人格者、地域の指導者で、幼くして両親と死別した祖父の憲證を支えて寺を護り、現在の本堂再建にあたった門徒総代です。

お浄土へ導いて、と願われて

休学中にもう一つ、療養しているときの相手は幼い子供たち。当時は田舎の寒村には、保育園も幼稚園もありません。

農作業で忙しい農家の幼児が毎日静養中の私の部屋の枕もとに寄ってくる。気がつくと枕元に幼子がちゃんと座って、目覚めることを待っている。そんな幼児たちをぞろぞろ村中の道を連れて歩く散歩姿を、じっと眺めていた半左衛門《はんざいみ》の佐藤重吉老人、高校生にすぎない私に向かって「ご当院さま、俺たちもそうやってお浄土へ連れていってくんなせや」と告げられた言葉でした。

門徒の方々の願い、坊さんになることの使命と責任とは何か、今日までずっと私の背中を押してきている仏の願力のことばです。

それには私自身にとって、お浄土とは、お念仏とは、信心とは、救われるとは何か、親鸞聖人の、浄土真宗の説かれる教えが私の身につかなければなりません。

仏法を学び坊さんになるとは三世―過去・現世・未来―を貫いて「ともしび」となる三界の導師となることです。

病気休学の試練は尊い人生の出発点となりました。このような深くて、豊かな念仏の伝統、土徳に育てられたことに感謝しつつ、それにお答えできない非力さに慚愧の心を覚える身です。

南無阿弥陀仏

親鸞聖人

② 聴聞《ちょうもん》腹が減るヒヨさんと南無の心の先生サトばあちゃん

京都の六年間の修学を終えて寺に入ったのは昭和三十九年の春です。

三月帰院、五月結婚、六月新潟国体と新潟地震、十月東京オリンピックと、また新幹線の開通。多彩な歴史と重なる年からちょうど五十年になります。私的には、弟も大学から新聞社に、妹も短大を出て幼稚園教諭と三人とも同時に卒業。父が当時勤務の有明台小学校の校長職を昭和三十二年祖父が亡きあとも寺を支える兼務での内外の重圧から解放等の責をうけて自坊に帰りました。

母は本堂で今の小針保育園の始まりとなる季節保育所「みずほ保育園」で多忙を極め、父は寺泊の同じ仏光寺派の長善寺の次男で新潟師範出の教育畑、一人娘の母との間に四人の子を育て、「寺の役割は孫ゆずりで」が祖父との結婚条件だったとか。勘定通りにゆかぬのが人生の不条理というものです。

聴聞腹がへった

前田五助さんのヒヨさん、男勝りで村一番のはたらき者のうえに無類の念仏者、法座があればどこへでもお参り聴聞にでかける。そのときのことばが「聴聞腹がへって困る」と。

腹がへれば無性に食べたくなるのが本能、聴聞の機会が減ると聴かずにはおれなくなる。中風で寝たきりの夫五作さんを十四年も介護して、どこへでも聴聞に出かける一生を念仏一筋、八十歳まではたらきづめで聞法を喜んだ人生でした。

祖父憲證が亡くなり、村の長老たちは父が新通小の校長在職では聞法の場が減っては困るからと、自主的な聞法の会―お講―を立ち上げ、支える「法悦講」を結成したのも聴聞腹を満たそうとする門徒の信心の歩みでした。ちなみに小針は小さな集落ながら全戸残らず浄土真宗の門徒の村です。そんな念仏の風土の中に生まれ育ち、門徒の方々の尊い浄財の学費の仕送りで大学院まで学ばせてもらいました。

帰ると「よそのお寺ではどこでも仏教婦人会があるがうちの寺でも―」と、求められたのは佐二平さんの赤原ハナさん。―ハナさん、昭和初期幼い時に家に強盗が押し入り強気な母が強盗を追いかけ、逆に殺害されるという悲惨さを体験―母と同年代か年上の世代の婦人の会。毎月二十五日の夜を定例会日に、会長は前述の前田ヒヨさんにお願いして始めました。

とても頭など、下がりません

毎月一度は気楽にお腹を満たす聴聞の法座、これは真宗門徒にとって一番大切な親鸞聖人のご命日、毎月の二十八日講の復活。大学で学んでも法話、説教は幼稚園生同様、お参りする方は長年この世の娑婆を生きぬき、聴聞を重ねた長老たち、それが仏法を聞くとなれば襟を正して三十歳前の若造に耳を傾けて下さる、わが寺の当院を育てようとの尊い如来の加被《かび》力です。

まず「お正信偈」の法話からはじめましたが、つまったのが最初の帰命、南無の心です。南無はインドの言葉。中国で訳されて帰命、これは身近な生活では「頭の下がる世界」など話し始めたものです。

そこから、下げる世界は人の道、それに対して私の心は人に頭を「下げさせる」ことだけの我いっぱいの邪の心と語るうち、下げることは努力次第で可能でも「下がる」となると努力修練というわけにはゆきません。下がるとは「自然に、おのずとそうなる」世界だからです。

どうやって？　といっても方法がありません。困りました。困っては若い私には尋ねるほかにありません。そのとき

「とてもとても、私など強情な奴で人一倍我が強くて、とても頭の下がるような私では

ありません」

　と合掌して念仏申すまま、「頭の下がっている」半左衛門の佐藤サト婆ちゃんの姿がありました。

「下がらぬまま下がる世界」の出現、「凡夫悪人がそのまま仏になる」、念仏者の信心の尊い姿を教えていただきました。

　サト婆さん、百五歳の長寿を全うしてお浄土に生まれ、今現在、私に教え導いておられる善知識（先生）です。

③ ご催促とご相続

えらいご催促にあって

亡くなる人が出ると喪主からお寺へ使いがくる。これを「告《つ》げ」といいます。告げには必ず二人で行動するのが常です。

そこでまず枕経に出向くのが最初の法務。私が三十歳位の頃でしょうか、十八歳の若い娘さんの枕経が終わったところへ急を聞きつけ走ってきた親戚の第一声が「えらいご催促を受けさせてもらってナンマンダブ」と念仏の中からのお悔やみです。その時の直感「負けた」が私の心の内でした。

なぜなら私の母親への悔やみは「このたびは…」から始まって「若いのにもったいないことを…、可哀想なことをして…」と月並みでした。衣をつけ今枕経をつとめる身でありながら「わが身、わがこと」として死を受け止める心がぬけ落ちて、通りいっぺんの他人《ひと》ごととしての弔意しか表すことのできないわが心の貧しさが照らし出されたのです。

この門徒はいつも「聴聞腹が空いた」と聞法にはげむ念仏者前田ヒヨさんです。

目前の事実、順逆禍福を「お前は大丈夫か」と正面に受け止め、現前の出来事を如来さまの「ご催促」としてどこまでも自己の信心のありようを問う、厳しくもたくましい真宗門徒の生き様を見せつけられました。

「ご催促」という言葉は、門徒にあって日常の用語として念仏の信心が生活のなかに広く溶け込んでおったのです。

ご相続のはじまり

最初に「ご相続」ということを体験したのは、京都から帰ったホヤホヤのおり、儀左衛門さんのイカ婆ちゃんの臨終の床でした。長年聴聞を重ねてもお浄土参りの不安、信心のぐらつきが襲ったのです。

今日、遺産の相続が重大事として問題とされていますが。心の、魂の永遠性は全く見失われています。宗教の基本はいのちの永遠性が課題です。これを「信心のご相続」といいました。

これには本当に参りました。若い自分にとって大学で教理、教学を学んでも臨床の経験のないまま、僧として袈裟をかけている私の首に「お前の信心は」と、刃を突きつけられた恐ろしさです。そのときただ思い当たるのは、唯円が師の親鸞聖人に「お念仏申しておりますが、喜び心がひとつも起こりません。また、急いでお浄土へ参りたい心もありません。どのように心得たらよろしいでしょうか」という『歎異抄』の問答が浮かびました。

死に臨んだ心の闇の深さに立ち入ることの厳しさを目の当たりに教えられたことです。婆ちゃんの手をにぎって未熟なことばをかけるしかない。イカ婆ちゃん、今も私に信を問いつづけております。

この樋口イカさん、遺言で小針の村の葬場、野場《のば》―焼き場―での最後の葬礼でした。

自宅の出棺勤行のあと、無常鐘の音の中、行列をつくって野場へ、僧侶は朱傘のもと、曲彔《きょくろく》に座って葬場勤行。火がともされて骨拾いは翌朝、焼く準備の「野《の》ごしらえ」も夜の火の番も青年たちの役割と、村中あげての最後のお別れの大行事。もちろんどんなに忙しい農繁期でも村休み、この休日を「無常休み」といいました。これが昭和三十九年一月末のこと、以後みんな青山の市営火葬場へ行くようになったのです。

エピソードのひとつ、秋の収穫期に好天気が続くと休日なしの刈り取り作業、連日の疲れのたまった若者の悲鳴に「だれか死んでくれんかな」。葬儀があると「無常休み」があたるからです。

仏法は毛穴から入る

村の門徒から川向かいの村へ嫁入りしたわが娘が乳がんで入院中で余命わずか、実家の小西七平さんから病院でのご相続の依頼をうけた後日談です。

死のベッドにあって最後に、看護人や見舞いの客に部屋の外へ出て一人にしてほしいと願い、静かに過去を回想して出るシーンが、実家におった娘時代、お寺参りをして聴聞したお説教の場面の一語一語がありありと浮かんできたとのこと。

当時は昼間は大人がお寺の法座に参り、夜のお座は老人は休んで、若い者たちに親が賽銭を与えて「寺参りせよ」と家から追い出し、説教の聴聞をすすめました。

その時はむずかしくわからず、疲れて居眠りしておっても「仏法は毛穴から入るものだ」と村の年寄りは聞法の大切さを言い習わしたものです。

蓮如さまのことばに「仏法は若きときにたしなめ」とありますが宗教教育の大切のことが教えられます。

④ 極楽参り万歳の平次郎さん

後生を願う

真剣に聞法する真宗の信者を称して「あの人は熱心な後生願いだ」と称するのが門徒の習わしでした。

「後生を願う」という表現は今日では死語となっておりますが、門徒の皆さんはお葬式の前後に読まれる「白骨のお文」さまに「後生の一大事を心にかけて」と蓮如さまのお言葉を聞いているはずですが、心にきざまれないまま聞き流されております。

後生が、生きる私にとって一大事とはどんな意味をもつのでしょう。

「後生の一大事」とは明日の生活が明るいか、暗いかの問いかけです。明日が真っ暗であれば不安、絶望、あきらめであり、明日の明るさは私の生きる力と希望の原動力となる。

苦悩のこの世を生きぬく力を求めて、一途に明日の光を求める人々、求道者を「後生願い」と門徒の間で尊称してきました。

未来の光こそが現在の私を救う、これが浄土真宗の教えの骨格です。

そのような、熱心な念仏者の称えるお念仏があふれる小針の土地で育ったことが、私の授かった最大の賜物である仏縁です。

極楽参り万歳

今日では病院死が80%を超えますが、前は自宅で家族に囲まれて看取られるのが当たりまえでした。（昭和五十六年に逆転しました）

いよいよ息を引き取る時に臨むと、ゆっくりと打たれる「オリン」の鐘の音とともに、取り囲む人たちの合掌、称名念仏の声につつまれてお浄土参りをする、これが真宗門徒の臨終の儀式でした。

瑞林寺の総代もつとめた四郎右衛門《しろえみ》のおじいちゃん（前会長・佐藤清氏の祖父平次郎さん）を看取っている家族が臨終と鐘を打ち始めると、

「俺はまだ生きているぞ」と、床の中から叫んだとか。その数時間あとの朝方に、

「極楽参り万歳」の称名念仏もろともに、お浄土参りをされたという。

ときに昭和十六年十一月九日

法名 釋瑞陽　行年七十二歳（総代には当山では法名に瑞の一字をつけて贈り名にする）

小生はまだ当時幼児でしたが、村人に広く伝承されてきた信仰談です。

このとき鳴らす鐘を「よび鐘《がね》」といいました。よび鐘とは「我が国に来れ」、とお浄土

ていただいた、という思い出であります。

の阿弥陀如来さまの呼び声（招喚《しょうかん》の呼び声）阿弥陀さまの大悲の本願をあらわします。

この「よび鐘」についてもまた愉快なエピソードがあります。

私が法務についてまもない昭和四十年代のこと、死の床についたN老人、若い人たちに「カネがない、カネがない」と叫ぶ。若夫婦「おじいちゃん、お金なら心配せんでいいですよ」と葬式の費用と勘違い。そのN家は分家でまだ仏壇がありません。おじいちゃんには自分の臨終のときに鳴らす「よび鐘」の心配だったのです。家族はあわててお仏壇をもとめて間一髪セーフ。

新しい鐘の音とともにお浄土へお送りさせ

⑤「婆ソノママだぞ」のノブ婆ちゃん

師匠寺・旦那寺・檀家寺

浄土真宗では檀家の事を「門徒」と称するのが正式で、佐渡などでは「お宅は御《ご》門徒」ですね、と「御」をつけて丁寧によばれます。

また自分の所属するお寺さまを「師匠寺」とか、「旦那寺」「檀家寺」と呼称してきました。それを訛ってか県内でも上越地方では住職を「旦那」とよばれてびっくりしたことがありました。

正式には真宗では「手次寺《てつぎでら》」といい、阿弥陀様の本願を門徒に取り次ぐ役割りで、阿弥陀様と門徒の縁を結び、お浄土へ導く師—導師—としての「師匠寺」のことばともなりました。

この頃は「菩提寺」という呼び方がありますが、これは真宗では用いません。真宗以外の他宗派の呼称です。

師匠寺とか手次寺とは、仏法の教えをご縁としていますが、檀家寺とか旦那寺は寺を維持する立場から生まれたことばです。旦那とは、インドのダーナということばの音訳で中国の漢字を音《おん》であてました。

ダーナとは布施、ほどこすという意味から、財で仏法を支え寺を支える人の意味です。

半檀家・半旦那

一軒の家に男と女の二つのお寺をもつ、最近は一つにまとめられていますが新潟で昔からよくありました。これを半檀家とか半旦那といいます。半檀家でも男女同じ宗旨が普通ですが、男は禅宗、女は門徒とまったく宗旨を異にすることもあります。（近くは五十嵐地域は男は禅宗の赤塚の大慈寺様、女は真宗の内野清徳寺・五十嵐妙音寺様）

最近まで当寺の半檀家であった田村三太郎さん、江戸時代に白根の塩俵から小新村の上組庄屋の田村家に奉公して貯え、小針の空き屋敷と田畑を譲り受け田村姓を名乗る。寺は生家の黒崎金巻の聞念寺様、しかし遠い上に未だ新家で力も乏しく、一家の主人に限り、ほかの女性、子供は地元の瑞林寺の半檀家になったと先々代の文蔵老人からの伝聞です。田村宅には当時の田畑、家屋敷「譲り証文」が残っています。

男が禅宗で女は門徒というのは、性差別の時代、男も女も、善人、悪人差別なく平等に救われる法は阿弥陀如来の本願のみ。その説法を聴聞できるのは門徒寺しかありません。

阿弥陀如来は弱きもの、苦悩深きもの、罪深きものに注がれる大悲の主です。その代表者、正客こそ女人でした。

　そこに門徒を自分の宗旨のお寺として信心を選びとった女寺としての半檀家ができました。

「婆ソノママダゾ」

　阿弥陀仏とは、どんな人も一人ももらさず差別なく平等に助ける大慈悲心です。阿弥陀さまは老少善悪、知恵能力の優劣など問わず、無条件の救いを約束されてあります。愚かな者は愚かなまま、悪人は悪人のまま、「ソノママ」抱きとめてくださる弥陀の大悲の心です。

　田村三太郎さんのノブお婆ちゃん、お念仏を喜ぶ日暮らしのなかで、孫に向かって日ごろつねに「頼むから一度でよいからこの婆に『婆ソノママダゾー』と、如来さまの呼び声を聞かしてくれや」が口癖でした。それがある日突然、幼児の虎蔵さんコタツやぐらの上にあがるや「婆ソノママダゾー」と叫んだとか。婆ちゃん驚き喜び、ひれ伏してお念仏があふれだす。孫を拝んで、ありがとうございますと感激の合掌の姿が語り伝えられております。

　法名釋妙相　昭和十年一月八日

俗名　田村ノブ　八十三歳
その孫である虎蔵さんもすでにお浄土の仲間入り、ただ今お浄土から家族を見守っておられます。

⑥ 蓑笠てんでもちと末期医療

蓑笠、てんでもち

先日、新潟日報夕刊の「晴雨計」に、この題の随想がのっていました。

東日本大震災の教訓で、津波がきたらてんでに逃げるよう「津波てんでこ」という先祖たちの苦労のことばがよみがえったという。

地元内野育ちの筆者も、子どもの頃から「蓑笠《みのかさ》、てんでもち」のことばで母にしつけられたが今は死語になってしまったと。

蓑笠てんでもちの用語は、新潟ではふだん交わされた日常の生活用語で、雨露をしのぐのに他人の蓑笠は借りられない、自分は自分で防ぎ守るしかない。いのちは誰も代わってくれない「代わりのきかないいのち」であることをしっかり踏まえて生活する姿勢が親鸞聖人の教えによって培われてきた越後の真宗風土のことばです。

無常の風は、天地異変の地震や津波の天災であったり、火事や交通事故の災難、ガンなど病気や経済不況、人間関係など色々な姿、形をとって吹き荒れて私たちを襲ってきます。

しかも、この風は前から来るなら防ぎよう

もあるが、背後から、横から、また竜巻のように天上から吹きます。その結果、「まさか」「こんなはずではなかった」「どうして私だけ」と、どんなに懊悩しても絶対避けて通れず「代わり」はききません。

まさに想定外こそ人生の事実です。これを「娑婆でありますなあ！」と感慨をもってこの世の事実を受けとめてきたのが越後の門徒の人々です。

この実際の、この世の事実、現実に立って、立ち上がる力の源泉を報恩講を軸に、親鸞聖人の教えに学ぶ聞法、学習の場として浄土真宗のお寺ができました。

「蓑笠、てんでもち」に立った人生感に真宗の門徒の生き方があります。

ご相続と末期医療

ホスピスとかビハーラとかいう医療施設があります。ガン宣告などを受け、余命の限りを安心してすごす宗教設備のとどのった病院です。

ホスピスとはキリスト教系の病院でありビハーラは仏教にもとづく病院で県内では長岡市にあります。

人生の最期を、心身ともに安らかに迎える、身の痛みを柔げるとともに、心の痛みと苦しみを癒す病院として入院希望者が増加しております。

このような病院が現代では特別なことのように報道され扱われておりますが、真宗の寺院と門徒にとってはふだんの日常性の念仏の生活であって、臨終のせまった病人が安心して生涯を終えることは住職の最も大切な任務、つとめとしてきました。

阿弥陀さまからお預かりした門徒の方々を一人残らず仏様の国、お浄土へ導く役割――「導師」――が住職の本当の役割、責務です。

健康なときは喜べた生活も、いざ死に直面すると不安と恐怖に襲われ、闇の世界地獄のどん底におとされ苦悩におののく。

そんなとき、住職に「ご相続をお願いします」と本人や家族がお寺に相談をかねて来訪するものでした。

闇の世界から光の世界へ、厚く閉ざされた壁のドアを開いてお浄土の世界へ導く導師の役が僧侶のつとめです。ふとんの中で涙ながらに訴える病人の手を握ってお念仏の道を説く。これを越後の真宗門徒では、仏法の「ご相続」といい、広く行われた宗教的行為、真宗の風土でした。

ご相続の役をつとめるとき、「僧侶の衣をつけたお前の信心はどうだ」と、生死の境を前にする門徒とまさに真剣勝負、首に刃物をつきつけられる問いの厳しさです。

住職はこの「ご相続」によって門徒の方々に育てられてきました。

その私が、その場におかれたらどんな姿を演ずるかわかりません。

衣をつけ法を説く身であっても泣きわめき、上下《かみしも》走り狂うかも知れません。なにひとつ「確かな」ものは私にはありません。不確かな私です。ただひとつ確かなことは、どんなに醜態をさらし他人さまに笑われようと、如来は凡夫の実態をすでに見通して、それで「よろしい」と受けとめて下さる「大悲の本願の確かさ」だけです。

私の心には確かなものはひとつもありません。それこそ「その場になってみばければわからない」人生です。

わが身の善し悪しの問題でなく、ひたすらこの確かな本願のお約束を信じる「念仏申す」一語に尽きるのが浄土真宗です。

在宅から病院での治療に変化して、ご相続の宗教活動が今日忘れ去られたことは残念ですが、仏教の一番基本的で大切な仕事です。

三　親鸞聖人の七不思議ご旧跡

①　七不思議のご旧跡と小針

聖人の越後七不思議（1）

瑞林寺から車で10分、信濃川の平成大橋を渡ると①逆さ竹の鳥屋野西方寺様、橋の手前を右に折れて5分で黒崎の②山田焼鮒の田代家です。

また、七不思議に準ずる旧跡として鳥屋野の対岸、信濃川を渡る手前を左、平島（鮫面）に聖人の波切の御名号様を守り伝える鈴木（新十郎）家があります。小針は聖人とたいへんご縁の深い土地柄で旧来土着の小針・平島・青山は一軒残らず真宗門徒の村でした。ほかに安田の③三度栗の孝順寺様、小島の④数珠掛桜と⑤八つ房の梅の旧跡梅護寺様⑥田上のつなぎ榧《カヤ》の了玄寺様に上越市の⑦片葉の芦が親鸞聖人の越後七不思議の旧跡として、今日まで全国から門徒の人たちがお参りされます。

千年前の蒲原小針は

親鸞聖人は今から八〇五年前の承元元年（一二〇七）、朝廷の念仏弾圧によって越後に五年の刑の流罪となり、お師匠の法然様は四国に、ほかに伊豆や佐渡にまた首を切られる仲間の弟子たちもありました。

五年の刑のあと二年のあいだ鳥屋野や山田など蒲原の土地を念仏の教えを説いて歩かれ、そこから七不思議の伝説が生まれました。

当時の小針周辺の風景はどんなであったと皆さん想像されるでしょう。

越後でもっとも古く、平安の中期に画かれた康平絵図（一〇六〇）では、長岡、弥彦、角田、東は新津丘陵を山並みとして蒲原平野は湾となり、その中に島々が点在、その一つに鳥屋野島も見えます。私たちの住む蒲原平野が信濃川と阿賀野川の運ぶ土砂によってできあがる、その原型を伝える絵図ともいわれます。

川の濁流が運ぶ土砂で砂丘が横に向かって次々にできあがってゆく。そのすそ野に人々が住みつき裏の砂山に畑を、前の川面の魚を捕り、稲作を始め、海水で塩作りもしたでしょう。

砂丘は亀田を中心に東西、西は西川町の升潟方面まで延びる亀田砂丘、次の沼垂砂丘は鳥屋野を通って小新の的場、緒立までつらなり、最後にできた砂丘が今の新潟海岸です。

砂丘、小高い丘を山といい、茅野山、松山、丸山、石山、姥ケ山など山のつく地名が亀田地区に多いのは、それが由来といわれます。

小針でも今の住宅地となっている砂丘、砂山を山といい、転じて田畑の農作業に出かけることを「山に行く」と言いました。

平安時代、小新の的場《まとば》は越後の一大漁業基地

最近の発掘調査によって、小新の流通センターのある緒立には古墳時代からの生活の跡があり、的場は親鸞聖人が越後の蒲原を歩かれるずっと前の平安時代に、すでに鮭を捕り加工品や塩鮭を都に納める、越後国の漁業の一大基地であることがわかってきました。

それがいつの時代か、沈下陥没して消え、潟沼に変わってしまった。開発以前、小新に

越後七不思議

国府の片葉の葦	居多神社　他	上越市
山田の焼鮒	田代家	新潟市
鳥屋野逆さ竹	西方寺	新潟市
田上の繋ぎ榧	了玄寺	田上町
小島の八房の梅	梅護寺	阿賀野市
小島の数珠掛桜	梅護寺	阿賀野市
保田の三度栗	孝順寺	阿賀野市

は四つの潟があり、その一つが的場潟で、それらの潟を乾かし、埋め立てたのが今日の流通センターです。開発で地下に眠っていた遺跡がこの世に光を見たのです。

千年前の信濃川は、元、信濃川の本流ともいわれる信濃西川（現西川）と合流して平島から青山で日本海に注ぐ、今の関屋分水の流路が当時の姿でないかと思われます。今日の新潟島は小さな島が点在して、未だ海と川水が交わる内海、湾ではと想像されます。

小新の的場や緒立は、西川や信濃川が海に注ぐ河口近くにあって越後の国津である蒲原津や、沼垂城に直近の漁業生産基地で、内水面の交通の要路としても人々の生活がみられました。

的場は瑞林寺から直線で2キロ、すでに越後の民衆が活発に行動していたのです。

② 親鸞聖人と順徳上皇の流罪

越後七不思議（２）

奈良時代（一三〇〇年前）から平安時代（八〇〇年程前）の新潟を復元した地図があります。（新潟市歴史博物館刊『にいがた西暦六四七年』）※図①

当時は、新潟の町にあたる小さな砂丘があり、的場・緒立が水面のなかに小島のように浮かんで、鮭など漁獲や製塩の基地で、魚や塩を奈良の都へ届ける地方官庁もありました。

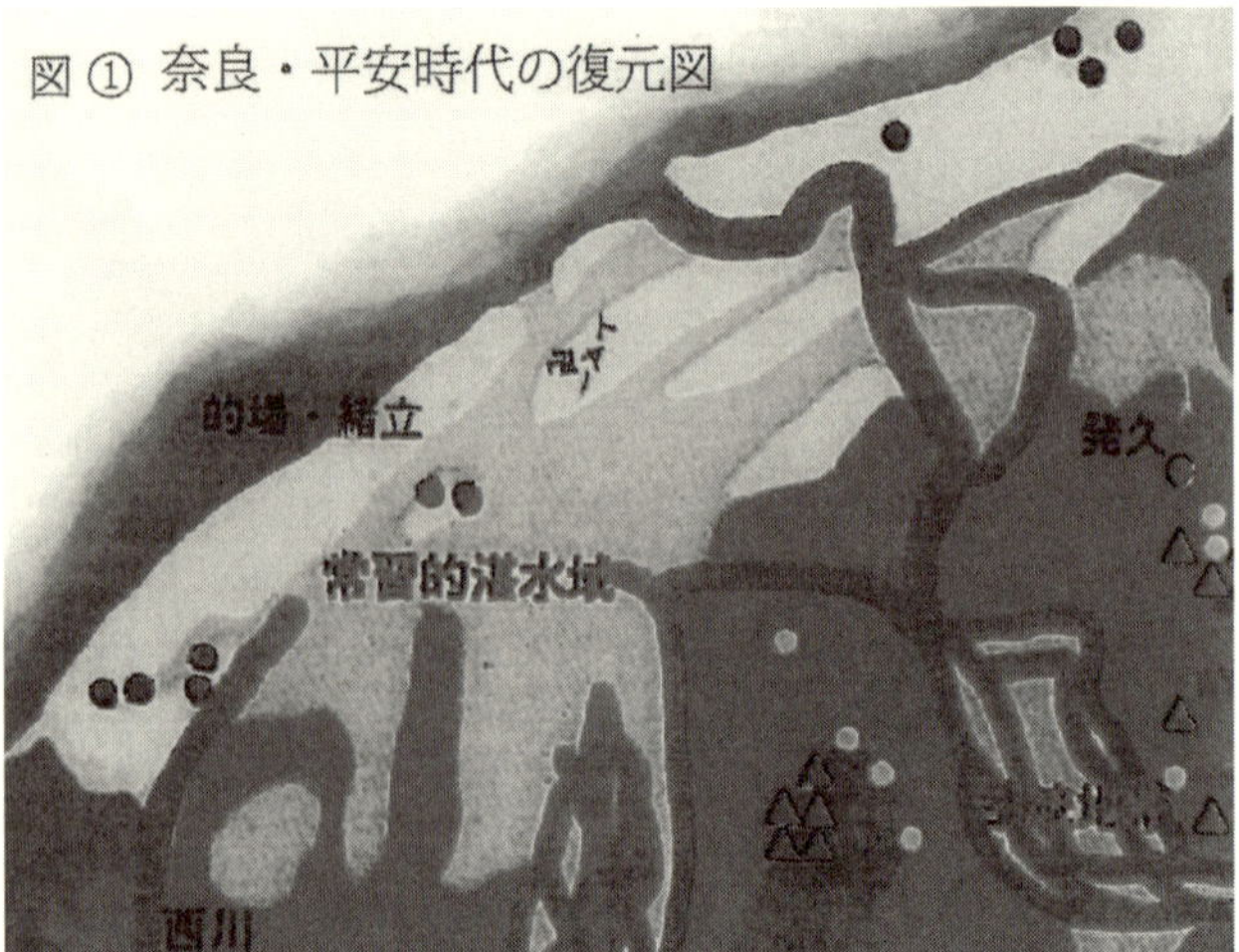

図①　奈良・平安時代の復元図

まだ信濃川も西川も、蒲原一面の湖沼に注ぐ状態で、堤防のある河川となっていません。新潟はまだ人も住めない「島」で、今の関屋分水あたりは水面は海につながる入江で、海からまっすぐ南に当たる砂丘の尖端辺りが鳥屋野でしょうか。

親鸞聖人の越後生活

聖人三十五歳、今より八〇八年前（一二〇七）、朝廷の念仏弾圧によって越後に流罪の身になります。

師の法然さまは四国に、弟子たちは佐渡や伊豆などへ八人、住連・安楽など四人は死罪で首を切られました。

ここから僧侶でも俗人でもない、非僧非俗と宣言、姓を愚禿・名を親鸞「愚禿親鸞」と名のり、当時の越後の都、国府の地で奥様の恵信尼さまや子供たちと暮らします。

三十九歳のとき赦免、そのあと四十二歳まで、聖人は鳥屋野など下越後の方面まで足を運び、念仏の教えを説いて「越後七不思議」のご旧跡をはじめ数々の伝説が生まれます。

近くの鳥屋野「逆さ竹」の西方寺様、山田「焼鮒」の田代家、平島「波切のお名号」旧跡の鈴木家とも、瑞林寺から直線で五百メートルから一、五キロメートルの内にあります。

順徳上皇と鳥屋野六階節

親鸞聖人が鳥屋野に滞在された十年ほど後、京の都では鎌倉幕府打倒をめざして、承久の乱（一二二一）が起こり、敗れた朝廷側の後鳥羽上皇は隠岐《おき》、土御門《つちみかど》上皇は土佐国へ、順徳上皇は佐渡へ流される。

　順徳上皇は寺泊から佐渡に渡る際に、嵐に船がおし戻され、鳥屋野へ流れ着いたと伝える記念碑が、信濃川の平成大橋東詰めにあります。※図②

　上皇は漂着後、半年ほど滞在し佐渡へ渡るが、その間、土地の人々は親鸞聖人に習った京の舞踊で上皇を慰めました。

　それが「鳥屋野六階節」の起こりで、最近まで、関屋や小針、亀田方面まで夏の盆踊りには盛んに踊られました。

　上皇の旅立ちに別れを惜しんだ「燈籠祭り」「赤飯奉納」の風習が、今も鳥屋野では行われているといいます。

図②

当時の地図では水面上の鳥屋野から平島を真っすぐ北に、すぐ海につながっております。

平島と鳥屋野の渡しを「間遠《まとう》の渡り」と古称し、順徳上皇の「間遠なり」との言葉に由来し、それを伝聞した芭蕉はのちに、「船のなかに、眠る間遠のわたしかな」の句を詠んだ、との伝えもあります。（温古の栞）

○祖師のお慈悲があるまいならば、
　無間《むけん》地獄へ　さかさ竹

○俺もなりたい　鳥屋野の竹に
　人におがまれて後生《ごしょう》になる

○盆の十三日に　踊らぬ人は
　石の地蔵か　金仏《かなぼとけ》

○竹の林から吹き出す風に
　今はなびかぬ人はない

など三十二句の歌詞があり、六階節保存会が設立され、昭和四十五年から新潟市伝承民謡として指定されております。

（文化財調査資料より）

③ 鳥屋野の聖跡と平島郷新潟

越後七不思議（3）

鳥屋野の地に親鸞聖人が来られた、その十年後に順徳上皇が流罪の道中、鳥屋野に漂着、村人が聖人より習い覚えた舞でお慰めしたことから、鳥屋野六階節が生まれた伝承を述べました。

現在、新潟市の伝承民謡に指定、保存会が結成され、昭和四十八年の親鸞聖人のご誕生八百年法要では、東本願寺で上演しました。

順徳上皇は和歌の達人、佐渡で詠んだ『順徳院百首』があり、これは京都の藤原定家、壱岐の後鳥羽上皇が目を通してできた歌集で、

「はしたかの　とやのの　あさち　ふみ分けて　おのれも帰る　秋の狩人」

「ちくま川　春行く水は　すみにけり　消えて幾日の　峰の白雪」

と、鳥屋野や千曲川（信濃川）が詠まれています。（新潟市史読本）

また『北越略風土記』では、

「往昔は、（赤塚の）坂田辺より海切れて、古津あたり、鳥屋野なども船着きのよし、申し伝えり…」とあり、最新のボーリング調査による地質学で復元された、前にも載せた

中世以前の新潟の地図と照合しても面白い記録です。

鳥屋野を訪れた蓮如上人

親鸞聖人の直接のお弟子は越後では覚善一人ですが、聖人滅の百年後、「越後蒲原郡五箇浦塩見岩屋の比丘尼釈妙蓮」という角田の女性が、本願寺より御本尊をお受けしてます。

ほかに柿崎、直江津の門徒の名前もあり、すでに越後・蒲原の巻町にお念仏の種が芽ばえていました。

その後、宝徳元年（一四四九）に本願寺八代目の蓮如上人は鳥屋野の御草庵跡を巡拝され「在世をしのび〜感涙をまじえたまえり」と、子の実悟が記しています。

本願寺では、代々親鸞聖人の遺跡の巡拝が受けつがれ、鳥屋野は聖人の大切な地として、門徒の間には胸に深く刻まれていました。

しかし、そのあと、実悟は「鳥屋野浄光寺は越後開山御座所」ながら、「今は乱れ、御坊跡ばかりなり」と文亀年間（一五〇一〜三）に書きます。

これは、念仏の教えが拡がり、北陸から越後にかけて一向一揆が起こり、上杉謙信の祖父、長尾能景が越中の砺波で一揆と戦い戦死します。

その結果、越後では以後五十年間、一向宗（無碍光宗＝真宗）は禁制となり、厳しい弾圧で真宗のお寺は信州や佐渡、北陸に逃げ、念仏の種が越後から消えることとなります。

鳥屋野が「今は乱れ、御坊跡ばかりなり」の嘆きは、この禁教の厳しさによるのでしょうか。

その後、謙信の真宗優遇政策への転換によって、お念仏が一気に越後のすみずみまで広まります。

平島に新潟があった新発見

近年めざましく研究が進み、新潟が一五〇〇年のはじめ頃、平島にあったことが定説になりました。

①「越後国蒲原郡平島之郷　新潟津　不動院」の銘のある仏様の発見。

②　高野山に納めた永代経の名簿、「新方」「新かた」「新カタ」「ニイカタ」「新潟」の七〇名

寺町現存の不動院、宝亀院のほか大仙坊など九ヶ寺があり、今日、寺地、立仏、大仙坊の地籍がある。

西川と信濃川の合流点、この地域一

思います。

帯—平島郷—の中に新潟があったことがはっきりしてきました。

酒屋の敬覚寺様の伝承では、寺地の八木次郎左衛門、聖人の弟子となり、六字のお名号をいただく。永禄九年（一五六六）平島より西川地区の酒屋へ寺を移すとき、この川越の名号を鈴木新十郎に託し、以来同家でお給仕する、と伝えています。

鳥屋野の対岸にあたる平島の信濃川の「渡し」を生業とする新十郎家が聖人の御旧跡を護ってきました。

ここまで三回にわたり、小針を中心に鳥屋野など、親鸞聖人の時代の様子を探ってみました。これからは説かれた教えを尋ねたいと

④ 平島波切のお名号さま

聖人越後七不思議（４）

親鸞聖人が四十歳になられた時、ようやく念仏停止の流罪の赦免が京都からとどきます。

三十五歳から五年間の生活で越後の人々とのあいだに仏縁が深まり、その後二年にわたって越後の方々にお念仏を説いてまわられます。

そこでも蒲原地帯、信濃川、阿賀野川の下流、それも潟や沼の中に点々と浮かぶ島々を舟でわたる布教の旅、その拠点が鳥屋野の地だったのでしょうか。七不思議のご旧跡が下越後に集中しております。

しかし、お念仏の教えを説いてもそれは決してすぐに受け入れてくれる越後の人々ではありません。厳しい布教の闘いでした。

鳥屋野の里で親鸞聖人が、

「この里に親の死にたる子はなきか　御法の風になびく人なし」

と詠まれたのも、教化の困難さを物語っております。

そこで聖人、持っていた竹の杖を地に挿し、「念仏の法がかなうなら、この枯竹に根が生まれよう」との言葉から逆竹《さかさだけ》の不思議が生まれたと伝えられます。

浄土真宗は、祈祷や呪術、神秘や縁起かつぎを絶対否定の宗教です。

親鸞の説く仏法の不思議とは「凡夫・悪人が仏に成る」ことです。善人が仏になることは当たり前ですが、逆に悪人こそ救う阿弥陀仏の本願が仏法の不思議であり、世間の常識から見ても「あべこべ」「逆」という意味あいになり、そこに念仏弾圧、親鸞流罪もありました。

のちに天然記念物にも指定される繁茂する竹藪の「逆竹」が、世間と逆の聖人の教えと結ばれ、広く民衆に伝えられたといえましょう。

鳥屋野の逆竹（二十四輩順拝図会）

突然変異で生まれた逆竹、これこそ、全く救いなき、助かりようのない者こそが、逆に浄土に生まれて仏になる悪人正因の不思議の表現といえましょう。

平島の川越波切の御名号さま

私の幼児のころ、戦前のことですが、父に連れられ四月二十五日の鳥屋野まつりに参ったかすかな記憶があります。鳥屋野の西方寺さまの蓮如忌、出店が立ちならぶ、それはにぎやかなお参りでした。

鳥屋野まつりといえば、江戸時代からの盛大な法要で新潟の近在、近郷からの群参、親鸞聖人の教えを慕う春の一大イベントの法要です。

その時、鮫面の岸辺から手こぎの「渡し舟」に乗って信濃川を渡りました。

七十年ほど前までは昭和橋から中之口川上流は白根まで橋もなく、信濃川も対岸に渡るには「渡し」があたりまえの交通手段でした。全く隔世の感があります。

八百五十年前、親鸞聖人が鳥屋野から近在に布教に歩かれるなか、平島に教えを受けた「渡し守り」鈴木新十郎がおりました。

ある日、村々の教化の帰り平島から大川を渡ろうとするが、北風はげしく波高く、新十郎の力ではとても舟を出すこともできず途方に暮れた時、聖人は南無阿弥陀仏の六字の名号を新十郎に書き与え、新十郎は舟の先端に飾って命がけでこぎ出したところ烈風難なく「波を切り分け」て鳥屋野の里へ聖人は渡ることができたとの御旧跡です。

これは聖人の「二《に》河《が》白《びゃく》道《どう》」の譬えから生まれたと思われます。

人生行き詰まって「往《ゆ》くも死す、帰るも死す、止《とど》まるも死す」の絶対絶命の境地に立たされた時、対岸よりこの道を渡って「来なさい」背後からその道を前に向かって「往《ゆ》きなさい」の声を聞く。

しかし、その道は十五センチほどの極めて狭い白い道。しかも道をはさんで左は火の

平島波切のご名号（鈴木家蔵）

海、右は水の海。火は燃え盛り、道は炎に焼かれる。波浪は渡る人を飲み尽くす。その時「来《きた》れ」「往《ゆ》け」の声にしたがって、そのひとが決断して進む時、道は開け、無事渡ることができたと。

「来れ」は弥陀の呼び声。「往け」は釈迦の教え、新十郎の念仏の信心の姿を表しております。

波切の彫刻　瑞林寺本堂を建てた小針村内山留蔵棟梁作

写真 提供：内藤　章 氏

⑤ 山田の焼鮒と膳供

膳供《ぜんく》と山田の焼鮒

昨年の師走七日、不思議なご縁で、聖人が五カ年の越後流刑の許しがあり、鳥屋野から国府に帰るおり、お別れの宴が持たれた山田で、焼いた鮒でおもてなしの、器やお膳の中の大椀と菓子椀を、白川義雄・キリ子夫妻より瑞林寺に寄進いただきました。

白川さんの実家、旧黒埼の善久村、白川甚之丞家伝来の器です。（下記写真）

善久は国道八号線を挟んで信濃川の河川

膳供の菓子器（白川家寄進）

地、移転前の新潟日報社あたり一帯です。善久の地名は、昭和二十三年、信濃川対岸の旧中蒲原郡曾野木村から西蒲原郡黒埼村に山田村とともに分村合併したとき「膳供」から「善久」に地名を変えたそうです。

膳供とは、親鸞聖人との山田でのお別れの宴席の「お膳《ぜん》を供《そな》えた」ことに由来、白川家は代々大切にしてきたが、惜しくもお食事に呈した膳椀類は散逸、最後に受け継いだ大椀と菓子椀を、粗末になってはいけないと當山に納めて下さったのです。

大椀は直径30センチあまり、欅の木地で京塗りの松鷹の絵柄、輪島塗りの商人の話では、こんな大きな欅の材料もロクロ職人も現在ではえられないとのこと。機会を見て門信徒のみなさんに正式にご披露したいと思います。

神主家が護る
合子《ごうし》ヶ酒《さけ》焼鮒のご旧跡

鳥屋野より半道ほどの、信濃川の中州にあった山田島、ここで親鸞聖人と蒲原の門徒たちの最後のお別れの宴がもたれました。

山田の人たちは、各々が手作りの酒を持ちより、酒の肴に焼いた鮒を差しあげたところ、聖人はお袈裟をはずし、傍らの榎にうち掛け、その焼鮒をとって「わが真宗のみ法、仏意にかない、念仏往生まちがいなくばこの鮒、必ず生きるべし」と称名もろとも放されると、不思議にたちまち生き返り泳いだという。

ここから袈裟掛けの榎、焼鮒のご旧跡となりました。しかも、この旧跡を田上の護摩堂山城主の羽生田周防守の流れをくむ神官「田代」家が、代々護りつづけてこられたという尊い信心の賜物です。現地名の山田は黒埼村合併前は「合子ヶ作」といい、またそれ以前は「合子ヶ酒」であって合子（蓋物）でお酒を聖人にさしあげたことに由来し、中古以来誤って「酒」が「作」になったといわれます。膳供→善久とともに蒲原の田舎の人々の伝承の素朴さがほほえましく感じられます。

田代家ゆかりの山王神社は建保二年（一二一四）創建と伝え、また護摩堂山の羽生田城主栗林内記・四郎父子が親鸞聖人の弟子となり慶誓・慶聞と名乗り、山田に光明寺をたて、のち酒屋近くの平賀に移り、寺の名を「誓慶寺」と改めたという。

誓慶寺の古い門徒も山田にあり、平賀への寺移転の後、神官の田代家が焼鮒の御旧跡を護って今日に至ったのでしょう。

酒を飲み、魚を食べる親鸞

坊さんが酒席で鮒、魚を食べる、これは当

時の仏教では破戒僧にあたります。二千年の仏教の伝統を破って、妻を持ち、魚肉を食べる「肉食妻帯《にくじきさいたい》」の「在家仏教」を確立したのが親鸞聖人のわが浄土真宗です。

本来、家庭を捨てて山に籠もり、学問修行に励み、精進潔斎、煩悩を断ち悟りを開く伝統の「出家仏教」ですが、この道は限られた人の救いの道です。

それに対して、泥まみれの日暮らしの中で、矛盾と葛藤の悪をかかえて生き抜かねばならない大衆—凡夫—こそ、救われねばならない。ここに阿弥陀如来の大悲の本願の宗教の出発があります。

親鸞聖人は伝統仏教の破壊者として流罪と

聖人と焼鮒（田代家蔵）

なり、京の都人から越後の蒲原の農民たちとともに酒を飲み、鮒を食べ家庭生活をいとなみながら、如来の本願、お念仏の道をともに分かちあう実践に励まれる。その姿を山田の焼鮒旧跡が物語っています。

瓦礫《がれき》が変じて黄金《こがね》になる。凡夫悪人が転じて仏に成る教えがお念仏。焼いた魚が泳ぎ出す、これこそ本願不思議を象徴する宗教的真実です。

⑥ 仏法の不思議
悪人転じて仏となる

聖人越後の七不思議（6）

これまで瑞林寺の近辺の土地の姿を、親鸞聖人にご縁の深い鳥屋野の逆竹、山田の焼鮒や隣村の平島の波切のお名号さまの「いわれ」を訪ねてみました。

親鸞聖人が越後を歩かれた八百年前の当時は、越後平野の一面が湛水地域でまだ信濃川も西川も定まっておらず、あちこちの葦沼の水面のところどころに鳥屋野島や山田島、的場山や緒立の小高い島々が浮かび、川魚とともに海から上がってくる鮭や鱒など、豊かな漁獲を生業をする人々が住み着いていたことがはっきりしてきました。

五百年前には、平島を中心にその一帯に新潟があったという、「平島郷新潟」という地名の発見が近々見つかりました。

上流からの泥砂の堆積が自然に小高い堤防を作り、（東）信濃川や西（信濃）川に川床ができ、その二つの川の交わる平島界隈が人々の集まる基地、新潟の津になったと、この頃ロマンを感じます。

小針もこの平島の辺が開墾され始めたのか、小針の針は開墾の「墾」（ハリ）の当て字ときいておりますが、平島郷の近くの小さな新しい開墾地が小針でしょうか。

越後平野を切り開く門徒

親鸞聖人の七不思議の御旧跡のお参りが盛んになるのは四百年前頃、江戸時代に入ってからのようです。

これは信州の滅亡した武田方の門徒が川を下って信濃川、中ノ口川、西川の堤防沿いに、日本海を大阪石山本願寺の一向一揆で織田信長と戦った北陸の門徒衆が海辺に住み着き、その人たちが着々と越後蒲原の潟沼の新田開発を進め、生活の基盤の確立をしました。集落ができ、聞法の道場に集まっていた門徒農民は、次々に各村々にお寺を建てるのです。

厳しい気候と、苛酷な葦沼の蒲原大地を聖人の南無阿弥陀仏の心で切り開いた、その開拓魂のお念仏の信心の火は蒲原全体に燃え広がります。親鸞聖人の徳を慕う心は、七不思議のご旧跡参りの盛況となり、越後から広く京の都をはじめ、全国諸国の門徒のもとにまでとどきます。

悪人が仏になる不思議

不思議とは、「思い計られないこと」「奇怪」「そうであることの原因がよくわからず、なぜだろうと考えさせられること」などと辞典にあります。

古来、越後には七不思議の伝えがありました。

一、燃える水　一、燃える土
一、海鳴り　一、土鳴り
一、神楽　一、白兎
一、鎌鼬（かまいたち）

しかし、親鸞聖人はこれらの天地自然等の不思議に対して、

「いつつの不思議をとくなかに
仏法不思議にしくぞなき
仏法不思議ということは
弥陀の弘誓になづけたり」

と、阿弥陀さまはすべての人々を善悪差別なく、等しく救い取らねばおかないと誓われる。弥陀の本願こそが仏法の不思議と説かれます。

私たちの思いをえがく理知や理性―思議―を尽くしても人間の根本問題の解決、安心と救いはありません。

人間の思案のかぎり、力のかぎりを尽くしても、どうにも暗黒の闇に沈む運命の凡夫が浄土に生まれて仏に成ること、これこそ不思議のなかの不思議です。

仏法の不思議とは、救いなき人間、地獄真っ逆さまの悪人が、私の思い―思議―を

超えて救われる事実を表します。

　聖人の七不思議の御旧跡の誕生も、越後の門徒の人々が自然の不思議に事寄せて、凡夫が仏に成れる大いなる信心の歓びを伝えた証しです。

四　安全ネットの阿弥陀さま

①　親鸞となむの大地展

親鸞となむの大地展
―越後と佐渡の精神的風土―

平成二十六年四月二十六日より六月八日の一ヵ月半にわたり、新潟県における親鸞聖人七五〇回御遠忌法要記念事業として開催、おかげさまで約三万四千の入場、県内はもとより東北・関東・東海・北陸のみならず、遠くは九州から団体参加もあり、盛会裏に終えたこと、ご協賛いただいたご門徒の方々に厚く御礼申しあげます。

会場長岡の新潟県立歴史博物館でも、館始まって以来の入場と喜ばれ、博物館にとっても新潟日報社と私たちの新潟親鸞学会との三者共催の形式は初の試み、私も沢山勉強させてもらいました。

お念仏で開かれた大地

新潟県の地図をひらくと、信濃川下流一帯の中下越の緑の地帯は真宗門徒、茶色の山林地帯は禅宗、真言宗の土地柄だと大別されます。山地は早くから住み着いて開けた土地であり、緑の蒲原は潟沼や池に葦の生え繁る不毛の荒野でした。

越後平野といわれる穀倉地帯は、四百年ほど前、信州や北陸から新天地を求めて移ってきた真宗門徒、われわれの先祖の人たちが風雪に耐え、泥沼のヨシ野地を切り開き、三年に一度の洪水氾濫にめげず、黙々と耕して今日にいたりました。

私たちの今回の企画の願いは、その苦難の歴史、越後の厳しい条件のなかをどう生き抜いてきたか。その力を支えてきた、精神・魂の歴史を訪ねあかすことが目的でした。

真宗門徒の特目は、正直・勤勉・節約・忍耐の四つがあげられますが、それがそのまま新潟県の県民性となっております。

その源泉は、親鸞聖人のお念仏の教えが血となり肉となって「いのち」を支えてきました。その学びのセンターがお寺であり、その学びの聴聞が生活と一枚になって、阿弥陀さまと苦楽を共にしてきた歩みが越後の門徒の念仏の生活だったのです。

信心のエネルギーの展開

念仏の教えに育った人たちの越後の門徒の生活行動を見ると、江戸時代に他国への移住が見られます。これを現地では「入り百姓」といいます。福島の白川藩では幕府の大老をつとめる藩主松平定信が越後の女をお嫁に迎える政策をとります。

領内では、凶作飢饉、流行病になると堕胎、間引きが当たり前。どんなに教育しても悪習は直らない。そこで念仏の風土で育った越後の女性を招いて間引きの習慣を忌避することに成功します。「白河は越後女で国が持つ」ということばがあります。

当時の史料に、

① 越後一国は赤子を殺すこと甚だ少し、

② 越後は間引きする悪癖なし。貧民にても出生の子あり次第幾人も養育、

③ 最も仏法に帰依す。……強盗行われず、堕胎の弊無く……

とあります。

また、関東一円は苦しくなると土地から逃げ出し、田畑が荒れて藩の財政が破たんする。そこで北陸一帯から門徒農民の移民をはかります。茨城や群馬、福島の相馬地方などに多くの門徒が移り真宗の寺もできます。その結果、勤勉に働くから土着の人たちより豊かになる。そこから逆に妬まれて「新百姓」という差別用語まで生まれました。

江戸時代は日本の人口はほとんど停滞していますが、真宗の門徒地帯は増加しており、その力は、越後にあっては北蒲の福島潟の開田、明治になると北海道開拓など門徒の人々のフロンティアの精神はたくましく展開します。

仏縁に大切に

人間は弱い、限りがある。阿弥陀仏の願いは無限である。人間は自分の限りを尽くして有限の自分を知るとき、阿弥陀仏の願い「本願力」に乗る。これが阿弥陀にまかせ阿弥陀の本願力を生きる念仏の信心です。

自力―自分の能力体力―の限りを尽くしたところに、向こうから、彼方から私に開けるのが阿弥陀仏の光と力です。

しかし、これは仏縁の有る無しによります。どうぞ仏縁を大切にしてください。

なむの大地展ポスター

② 終戦七十年を迎えて

昭和二十年の記憶

終戦七十年を迎えました。

昭和二十年四月、入学した小針小学校は瑞林寺と隣り合い、明治の開校以来、昭和三十九年の新潟地震まで、今の小針保育園の所にありました。

この学校敷地は小針と市左衛門郷屋の集落が昭和二十四年、合併して小針村になる以前の昔、市左衛門郷屋の庄屋、岡さんの屋敷跡です。

入学式や授業の記憶はさだかではありませんが、一年生の記念写真だけ一枚残っています。一クラス七十数名、担任は女の小山先生、着物姿の女の子も数名写っています。その後まもなく兵隊さんの宿舎になって、夏休み明けの教室に入った途端ノミに食いつかれました。校庭のグランドはトラックの中はイモ畑、最後にはその真ん中に空襲に備えて防空壕が掘られました。

疎開と兵隊宿舎

空襲の危険を避けて疎開する、どこの家でも町から疎開の人でいっぱいです。当時の人家は今の関屋大川前まで、団九郎からは一面田んぼ、弥彦街道へ出ると、遠く瑞林寺の本堂屋根がはるかに見えたものです。

戦争が烈しく、寺にも庫裏に三家族（高杉・永楽・折戸）が疎開、五月頃には船舶隊の暁部隊の宿舎にもなって本堂は兵隊さんでいっぱい。西川には部隊の上陸用舟艇《ようしゅうてい》がびっちり付けられ、毎日新潟の港湾とを往復し、小学校には通信隊もいました。

庫裏の広間だけは、もし空襲で町の門徒の人たちが焼け出されたら避難所のために空けておくと、祖父憲證住職の言葉でした。

空襲と幻の飛行場

兵隊さんのきびしい訓練や炊事など、隣のグランドで眺めたものですが、夜になるとB29爆撃機が襲来します。すると三方から探照燈で照らして、その焦点に向かって高射砲が撃たれます。その探照燈の一つが小針の海岸にあり、外に電鉄焼鮒駅（現在の黒埼山田　小学校付近）と新潟海岸から照らすがなかなか弾が届かない。たった一機、真っ赤になって（新津満願寺の阿賀野川の川辺に）落ち、みんな夜空に向かってバンザイバンザイと叫んだものです。

八月に入ると夏休み、黒埼の善久・山田の

八号線沿いの信濃川の堤外地に飛行場が建設中で完成直前、幻の飛行場に終わりましたが、仲間で砂利道を走って見に行きました。祖母久子は坂井輪村国防婦人会、みんな動員されてモッコで土運び、子供が実物の飛行機を見るのは初めてのこと。善久の農家の竹藪には戦闘機赤トンボが隠されていました。

八月十日、後日談ですが、広島・長崎の後、新潟の町に新型爆弾が落ちると避難命令が出て町が空っぽになったとか。疎開で本町の店を守っていた折戸屋さんの主人が自転車で走ってきた姿を思い出しますがこの時のことと思われます。

終戦と平和憲法

八月十五日お昼、終戦の詔勅のラジオ放送、大茶の間で疎開の人たちも一緒に聞きましたが、ガアガアという音のみで小学一年生の子供には理解できませんが、敗戦を知らされたのです。

戦争が終わると間もなく、空には飛行機がブンブン飛ぶ毎日、二十日過ぎ小針の砂山の松林（今の松美台）に白いものが降ってくる、当時はよく空中ビラが米機にまかれ、ビラと思ったが、落下傘が落ちたと皆が走って行く。そこに見た物は、話では、小針の海岸にある四つの結核療養所を米兵の捕虜収容所と誤って落とした救援物資のドラムカン、まだ本堂には兵隊が残っておりタバコなどごっそり持ち帰ったとか。生まれて初めてチョコレートを口にしたのはその時です。

落下傘はガラス繊維で焼くとガラスになることは驚き、落下傘のヒモはブランコになって子供たちの大切な遊具となりました。

戦争を知らない七十年、憲法九条、国民・国家のこれからの平和のあり方の基本が今、激しく私たちに問われています。

境内での憲證住職と暁部隊の将校たち

③ 変貌の坂井輪の地

早いもので墓苑も開設四十年を迎えました。昭和五十一年の九月に開苑した当時は、西川を挟んで東には遠く雪を抱いた越後山脈を遠くにのぞみ、前は何ひとつさえぎるものもない田園風景、反対の宅地化の進む砂丘の手前は、新築の住宅が点在して田んぼの見える風景でした。その千三百基ほどの墓地もほとんど墓碑が立ち、墓地を求められた方々も、大半碑銘に記される今日、二代、三代の承継の時代に入っております。

昭和四十七年に新潟市が内野霊園が開園して即座に満杯、そんなことから坂井輪墓苑の開設となりました。公園式の寺院墓地の第一号、当時は許可をだす市役所も前例もなく素人同様、手続きなど手間取った苦い記憶も遠い昔のこととなりました。

この間に小生も七十八歳となります。考えて見ると当時は三十八歳の若輩、先代住職も存命でしたが一切の交渉や実務にあたった当時の関係者はすべてお浄土の人となり、当時からのいきさつや流れを知る者は私一人になったようです。

坂井輪の名の由来

この地域には坂井輪という地名、地籍はあ

りません。昭和二十九年十一月、坂井輪村がそれまでの西蒲原郡より新潟市に合併しました。坂井輪墓苑は旧来の西蒲時代の村名に由来します。

合併時の坂井輪村は九百二十一世帯・人口は六千七百三十六人、九十五パーセント近くまでが農家で西蒲原郡の最北端に位置する典型的な蒲原平野の純農村でした。

明治二十二年に始めて市町村制が敷かれ西川をはさんで新通村、新貝村（小新・亀貝）、上坂井輪村（坂井・須賀・大野）に砂丘地沿いの寺尾・青山に小針・平島の四集落で構成される下坂井輪村の四村が合併して坂井輪村が誕生しました。関屋村もそれまで坂井輪地区の西蒲原郡でしたが分離して新潟市となりました。関屋村は新潟市合併の第一号といえるでしょう。

この明治に坂井輪村が生まれた時は八百七十二世帯、人口六千六十四人ですから明治、大正、昭和と三代をへても、昭和二十九年の新潟市合併まではほとんど変化が見られません。

それが今日、内野・中野小屋・赤塚・黒埼を含めた西区で世帯数六万六千七百八十、人口十五万八千五十九人（平成二十七年末）と市制を施けるほどの地域に大変貌をとげました。

西川は西信濃川、西蒲の大動脈

今の信濃川が東に位置するに対して、西の信濃川が西川、その中間を流れるのが中之口川になります。

大河津分水が完成するまでは三年に一度は洪水の氾濫に襲われるなか、黙々と潟沼と葦《よし》野地《やち》を切り開いて新田の開発に励み、日本一の穀倉地帯、蒲原平野を築いてきたのが蒲原の人たちです。

この大半は織田信長に敗れた武田勢の信州の門徒、同じく石山（大阪）本願寺の戦い、一向一揆の難をのがれ越前・加賀・能登・越中から、新天地の越後にやってきた浄土真宗の門徒が、川沿いに、海辺に住みつき寺をたて、葦沼の荒野を興しました。

そこで収穫された米は、地蔵堂、吉田、巻、曾根、内野と西川を下って平島で信濃川に出て新潟の蔵所に納まり、千石船で日本海をめぐって下関、瀬戸内海から大阪へ運ばれ、堂島で米相場、米の値段が決まるのが江戸時代の経済の流通です。

お寺の前を流れる西川は毎日米を百俵、二百俵つんだ船が毎日行き交う大動脈で、大正時代を迎え、越後線に汽車が走るまでの西川の風景です。

また西川の堤防、明治天皇の御巡幸のお

当時の大堀幹線の田園風景（昭和36年撮影）

り、大隈重信以下八、九百人の行列のお通りは明治十二年九月のことでした。

④ 天の宗教・地の宗教

天国は幻想の世界

仏教、宗教というと理想世界、理想的人格の実現や到達というイメージが前提になっています。

そのイメージのもとに、少しは仏に近づき、神様の世界に触れていきたいあこがれ、願望を持っているのが人間の本能です。

人格円満、他人の為には苦労を惜しまず、どんな困難にもたじろがない不動の心をもち、感謝と喜びの生活を送る。そんな理想的な生き方が人間としてあるべきである。

この確信のうえに、努力や心がけ、がんばり辛抱、さらには修養、修行に励み一歩でも向上し、立派に成りたい。人間はきわめて、〝真面目《まじめ》に〟できておる善意のかたまりです。その心の延長上に仏さまを思い、「清く・正しく・美しい」理想世界を人間のこころで画いてそこへ近づこうとする。これがふつう「宗教とは」「仏教とは」というイメージではないでしょうか。

ホドホドに生きる

理想を願い、神や仏との完全性の一致を求

天の宗教・地の宗教

— 問いと応えの乖離 —　教化と聴聞との行き違い

方便　化仏化土（諸仏・諸神）

天（天上界）国

理想・タテマエ・あるべき・ネバならぬ・当然の世界

完全性 — まじめに生きる — 誠実・義務感

浄土真宗

人生の舞台

道徳的宗教

がんばり
努力
心がけ
教育
反省
懺悔
忍耐
精進
訓練
修養
修行

善人

自力

向上・成長・進歩・発展

理性の世界

あての世界
はず
つもり
はからい
予定
計画・計算
信頼
思い込み
理性・理知
信心

ホドホド　（わかっている）（そうなんだ）

ケドケド人間　ロモロモ人間

いいかげん（途中的存在）

（生老病死の人生の挫折）

神仏より見はなされる人

後悔
自己嫌悪
愚痴
不満反抗
非行犯罪
人間不信
あきらめ
引きこもり
対話不能
依存症
心身症
自殺

悪人

他力

停滞・落下・終焉

非合理・非情の世界

あてが外れる
まさか
こんなはずで
どうして
なぜ
私だけが
計画破綻
計算外
予定が狂う
神も仏もない
天をうらむ

大悲の網からももれる（ダメな奴 — 凡　夫）

落第の人生

現実・実際・ホンネの世界　〈ソノママの救い・無条件の救い〉

— 如来の大悲の本願海 —

セーフティネット　南無阿弥陀仏　（真実信心）まかす・タノム・信ずる

如来さまは
人生の安全ネットです。

地獄
真実浄土

安心・大丈夫

めることは実際難しい。そこで現実と妥協しながらホドホドに、「わかっているけど」「そうなんだけど」と繰り返しながら、ときには居直って「いい加減に生きる」たくましさでなんとか切りぬけているのが現実の私たちの生活です。それで一生が済めば、「大過なき人生」なのですが、なかなかそれを許してくれないのがこの世の掟です。まったく想定外の事件や事故、災害、病気、不慮のできごとと、私を取りまく社会や環境の、理屈にあわない非情で非合理のことがらが襲ってきます。

「まさか」「どうして」「こんなはずでは」と、当ての外れる人生の狂いが生じます。ホドホドが通じなくなる、これがわれわれの経験する人生の実際の舞台です。

阿弥陀仏は地獄の仏

人間だれも理想の神・仏に少しでも近づこうと願い求めていますが、現実は天上界、天国どころか逆に落下・終焉の道をたどる運命にあります。

人生の挫折、人間の苦悩は自己嫌悪、人間不信、対話不能から依存症、心身症から自殺にいたるまで、人間の「あるべき」世界に対して、実際の世界は地獄へ向かってまっさかさまに落ちる、神・仏から見れば「見放された存在」におちていってしまう。人生、苦労のはてに闇の世界に向かう運命をたどる人間の実相、この悲しみの涙の底から生まれた仏さまが「阿弥陀仏」です。

阿弥陀仏は天上界や天国に待っていてもだれも到着できない。ならば落下する者を地獄の底で抱き取ってこそ始めて救うことができる。落ちるものを地獄の底から受けとめる仏が阿弥陀さまです。譬えれば、阿弥陀さまはサーカスの空中ブランコのネットにあたります。

人生の舞台にあって、阿弥陀さまは地の底から私を受けとめてくださる大悲のセーフティネットです。

阿弥陀さまの手の上で
自由きままなわが身

⑤ いのちのセーフティネット阿弥陀さま

執行猶予中の長寿

どんなに寿命が延びようとも、すでに死の刑の判決が決定済みなのが人間のいのちです。

その刑執行の時日が不定のなかを、忍び寄る不安と恐れを帯びつつ、ひたすらその時を迎えることの先送り、猶予時間の延長を願って懸命に健康管理に励んでいるのが現代人です。

新しい医療技術から新薬の開発、iPS細胞の研究から優れた病院、医師探し、サプリメントや健康器具のコマーシャルや広告など朝から夜まで宣伝は洪水の氾濫です。

国の福祉政策も、長寿社会の実現から健康寿命の実現に切りかえ、財政負担の増大に打つ手がないのが今の政治の実態です。

健康寿命の実現とは、「ピンコロリ」の推奨で、一時盛んであった「ポックリ往生」や「ころり観音さま」参りの復活である。

家族にも、職場や社会にも大切な「有用存在」の身から二十年も三十年も「無用存在」、病に倒れ要介護となれば「不用存在」の時間が長くなれば、さて一体、長寿を保つことの意味はなんであるかを問うことが人間であろうが、むしろそれに顔をそむけ、封印する。ひたすら生の拡張を願い、次々に派生する矛盾、難問の数々の火消しや一時的処理に追いまくられ、もっぱら先送りに懸命なのが現代社会の世情です。

長寿を願い、長生きしたい欲望とは一体何であるのか、その目的は何か、その問からはじめて仏様の教えを聞くことがはじまります。

大地の仏・阿弥陀さま

若くして理想実現を求め、老いては健康寿命を願っている私たちが、通過点で人生のさまざまな事件、事故に遭遇しながらも、なんとか強風や荒波を乗りきって、今日まで生きのびてきたのが私たちの今日の姿です。天に向かって理想、希望に生きる上昇の世代の前半から、降下、終焉の道をたどる後半の人生、この上昇と下降の二つの両面が人の世の一生です。

上昇の時には、未来の希望、成長・発展・進歩の期待と可能性にあふれますが、下降に向かうとともに、未来は消え失せ、停滞・下落・終焉へ向かう日々は、不安と恐れの暗雲に襲われ、暗黒の闇は深まるばかりです。人間にはこの上昇と下降、「生と死」の二面が等しく与えられていることが厳粛な事実です。

生まれた時から向上を目ざして励み、努力する道の歩みは、現実が下降へカーブが切られても、心や気持ちは上昇の惰性からの切り替えがきかない。どこまでも天に向けて上昇する、夢見る世界から覚めることができない。心は天に身は地に向かう、この〝さかだち〟の状態が最も深い罪悪、迷いの姿です。その結果として苦しみが生じる。これが仏法の道理です。

悲しいことに、人間は心はつねに天に理想を求めつつ、身の現実は墜落の一途をたどる運命。だが、だれ一人天上界へ、天国へ到達できない。待つ神も仏も救い上げることができません。

天にあって到達を待って叱咤激励するのでなく、人間の力の限りを見ぬき、落下する運命を見とおし、逆に墜ちる私に先だって地上に降りて、落ちる私を両手で抱き取り、支える大地の仏が阿弥陀さまです。

それはサーカスの空中ブランコのセーフティネットに譬えられます。心にセーフティネットを持ち、どうなっても大丈夫、と人生の舞台を阿弥陀にまかせて自由に生きる。これが浄土真宗の人間像です。

心にセーフティネットを持つ。これこそ人生の目的であります。

⑥ 傘寿を迎えつれづれなるままに

今年の四月は、おかげさまで満七十九歳、数え八十の傘寿を迎えます。七月には、當山十七世住職三十三年忌・々坊守二十三年忌、十八世坊守の二十三年忌の法要をおつとめする予定です。

即ち、私の父母と妻の三方の法要です。長寿社会とはいえ、私の責任で元気の内に法要のつとめ、最後の仕事と心得、おつとめできる現在の身の上を尊く、有難く頂戴しております。

今日に至る瑞林寺の歴史の踏み石となって、十八世住職の私、十九世現住職をともに歩ませ、押し出す背中からの歴史の力こそ三方の諸仏そのものにほかなりません。

縁あって親子となり、夫婦となった三方を浄土に送り、平成二十年には、満七十歳を以て住職を譲りはや九年が過ぎました。

寺の法務は一切新住職にまかせ、老後は私の好きなようにと思いつつ、見ておれないお節介、一方新住職は親がおることを幸いに、寺の法務に聞法会、派内の本山・教区の活動に会報の編集、そのうえ小・中学校の父母の会の役員、民生委員に保護司。さらに頼まればNOといえない性格か、子供たちのサッカーの監督やその他種々八面六臂の席もあたたまらぬ毎日。住職を譲っても、かえって多忙を極める親馬鹿で来ましたが、そろそろ潮時です。

本堂の朝の「お勤め」は一年中午前六時、夏は良いですが寒中はこたえます。今年からは住職不在以外は、前夜、原稿書きなど夜半を過ぎた遅いとき、目の覚めないときは起きない。無理しないわがまま生活を始めました。本当は電話も出ない、お客様があっても応答に出ない位に徹底したいのですが、お寺はそういうわけにはゆきません。お話し合い、座談は大好きな私です。

そうでなくともやりたいこと、当面抱えている仕事が山積みで時間の足りない毎日、早くこのことを片付けたい、済ましたいの心境です。それなのにまた新しいことを抱え込むのは親子一緒なのかも知れません。息子の悪口はいえないようです。

法要に、解古・越山展の開催

平成二十八年の暮れ、二十九年の法要記念に渡部解古・越山親子の絵画展を開くことを思い立ち、正月中資料や調査にあたっていました。

渡部解古という人は、幕末から大正初めの画家で、地元坂井輪の須賀村の庄屋です。幼きより藩主にも認められ、三条の長谷川嵐渓についたあと、京都の山本梅逸門下に入り、明治二十二年にはフランスのパリ万国博覧会に出品、褒賞を受け、東京で絵の一家をなします。その息子の越山さんは、近代美術の祖、岡倉天心が明治二十二年に作った東京美術学校の第一期生、でき始めた中学校の絵の教師となり、最後は和歌山県で過ごされます。この解古の奥様が瑞林寺より嫁ぎ、越山は親の供養に寄進の絵や、当山の本堂再建時には沢山の絵を寄付され、門徒の方々に買ってもらって建設資金に充てたという深いご縁もあります。

解古・越山とも幕末の須賀村の生まれですが、越後に帰郷の生活がなかったので地元でもあまり知られていません。以前から地元で紹介の要望の声を今日まであたためてきました。時機純熟、このたびの法要に併せて七月の八~十日に開きたいと起案しました。

お二人の紹介、顕彰と地元坂井輪の地域おこしに少しでもお役にたち、御恩の一端に報えればと思います。

あわせて、ボケないうちに瑞林寺の「寺史」を作りたいと、昨年来原稿を興し、上杉謙信の時代、栃尾にあった瑞林寺の前史を漸く終えて、初代の住職が小針に落ち着く慶長時代には、すでに平島に〝今の新潟の始まりがあった〟という最新説の研究の成果を借りて書き進めにかかっているところです。

まだまだあるのですが、今回はこの辺で。

⑦ 死から生を考える

思いかけずの寒波、豪雪におそわれた厳しい冬も、春一番が吹いて、遅い春の訪れ、お彼岸を迎えました。

久しぶりの大雪や凍結であわてふためくとき、「豪雪といっても新潟の人はセンチの話、山間地はメートルの話」といわれ恐れ入りました。生活の立つ地点によって厳しさの現実感がまったく異なります。

春の寺のたより「光輪」のなかに「老院の迎春」と題して、

「〃病み上手の死に下手〃な私も今春四月には八十歳を迎えます。二度のガン手術で「私はガンではない。ガンは私の身体の部品である胃や膀胱だ」とホラを吹き、それぞれ二十二年、十六年を経過しました。

幸い、やりたいことは山ほどあれど時間が不足、老齢化の体力・気力の衰えは自然のならい。やり残しがあっても悔いはサラサラなし。

無限の世界に向かって一歩一歩。お迎えが来ればハイそれまで。今度はお浄土の仏さまに特進です。

かかりつけの医者ももたず、薬も不要。日にタバコを一箱ふかし、ズルク怠けてわがまま暮らし。急死のおりは検死が必要とウソぶき、頭が疲れたときは庭の草取り。尽きぬ雑草と落ち葉はかぎりなく私をいやしてくれます」。

こんな駄文を書いて新春のあいさつにしました。

中学生で腎臓を患い、高校生のときに肋膜炎で一年四ヵ月の休学で留年。四十歳頃に肝臓をいため、五十七歳を前後にして、妻と母をともにガンで亡くす間を挟んで進行性の胃ガン手術。経過良好に気を良くして京都本山に二年ほど出向いて帰ったら膀胱ガン。全摘手術で袋の世話になる障害者になったのが六十四歳のこと。

七十歳まで生きられれば上等と、寺の住職を七十歳をもって定年引退と決め、後住の長男に託したのが平成二十年の秋です。

それから十年、今日の日暮らしありがたいことです。このような奴を、新潟の古くからのことばに「病み上手の死に下手」といい習わしてきました。

病気・挫折のおかげさま

若いときから病気だけは恵まれました。その一方には中高校生時代は野球や陸上競技でインターハイを目ざして頑張った青春もあったものです。運動で身体を鍛えてテストや受験になったら徹夜できるような身体づくりなどと考えていたホロ苦い青春です。

肺に水がたまる肋膜炎から結核になったら大変と心配、結核は「死病」今日のガン以上の国民的難病、人里離れた小針青山の海岸松林には四つもの結核療養所のある時代です。良薬もなく、治療はもっぱら休養と栄養、肺の摘出手術が漸く始まった頃です。

留年落第の苦しみは初めていろいろの書物にふれる機会を与えてくれました。静養の身には床のなかでは本しかありません。そのなかでやがて親鸞聖人の歎異抄や、親鸞について書かれたものを高校生の幼稚な頭ながら触れたこと。京都の大谷大学に新潟県出身の曽我量深、金子大栄という立派な先生のおられることを知り、進路を決めました。

あわせて、病気で身体が学んだこと。それは、留年の悔しさ・落ち込みのなかに生まれるのは「あせり」です。どんなに頭や心があせっても身体は応えてくれません。どうにもなりません。

同級生においていかれ、下級生と一緒せねばならない屈辱感。そんな心持ちで教科書を出してもすぐ疲れて身体は受けつけません。

そんな時間の流れのなかで、心は身体にまかせるほかない、どんなに心はあせっても「ダメはダメ」と、体感して暮らす生活が始まるとわずかにも薬がのってきて回復が進んだように感じました。

頭は空っぽになっても、成果、結果の善し悪しより心より正直な「身に聞く」癖がつきました。

若き人生の出発が、病気からとは皮肉ですが、おかげさまで病気と留年の挫折によって今日の生活をいただく源のあることのありがたさです。

あとがき

八十路を迎えますと、自然に身辺の片づけにこころが動きます。あわせて越し方を振り返り私をはぐくみお育ていただいた大地の恵みの尊さ噛みしめる日暮らしとなります。

このたび、寺報「光輪」や墓苑たより「無量寿」で書きつづった拙い文をまとめて小冊子としてみました。今日まで私を育みいただいた方々へのわずかばかりの謝意と、消え行く真宗風土の伝統習俗を言葉として刻んでおきたい願いをこめたこころです。

生まれ育ってこの方、小針のわが寺を空けたのはわずかのこと、一歩もこの地を離れることなく過ごして今日にいたりました。

三十数戸の西蒲原郡の端っこ、蒲原の田園の一寒村の浄土真宗、それも乏しい寺に五十年ぶりの寺を継ぐ男の子誕生。それが今では一面の田んぼも砂山の畑や松林は住宅の密集する市街地に変貌、私も隠居の僧となり、地元の数少ない土着の原住民、残り少ない語り部の一人ともなりました。

昭和二十年の小学校入学、わずかでも戦前戦後を知る。本堂が兵隊の宿舎になったり、駐留米軍のライト中尉夫婦が仏教のお寺を見たいとの来訪に驚いたり。教科書を墨で消し、田植えや稲刈り休みの学校休暇。そのなか、村の素朴な門徒の方々に特別大事あつかいされ「お稚児さま」「ぼっちゃん」と称されて育つ越後の真宗寺院の長子です。

ですから、大学の学費も門徒の尊い浄財の仕送り、大学院まで六年間学ばせていただく、これが真宗のお寺門徒の習いでした。おかげさまで学生時代は良き師、良き友に恵まれ一切の束縛から解放され充実した京都生活を送れたことが今日の私を基礎づけてくれております。

私の魂の基礎づくりの師、曽我量深先生、安田理深先生はじめ幾多の師友の方々に育てられた恩徳はもったいない一語に尽きます。

それと同時に、豊かな念仏の土壌、私をとりまくおじいちゃん、おばあちゃんの生活のなかにほとばしる称名念仏とその生活の言葉は、浄土真宗の教え、南無阿弥陀仏のこころを目の当たり与えてくれました。お念仏を体で生きる―真人―先達です。名もなく、学問もない一文不知の市井の田舎の老人たちの法座の聴聞で鍛えた豊かで高い精神性。その方々に出会え、育てられたことが本当の値遇、幸せといえます。

そのようなお育てのなかに、一言で八十年をくくれば「好き放題に、我がままいっぱい過ごすことを許していただき有り難うございました」と、お答えする言葉しか持ち合わせない貧しさです。

最後に、この出版を引き受けて頂いた考古堂書店会長柳本雄司氏、編集校正にご苦労かけた佐々木克氏には心より御礼申しあげます。

平成三十年七月八日

門徒総会の日に

廣澤憲隆

著者　廣澤　憲隆（ひろさわ　けんりゅう）

昭和13年（1938）年生、

新潟高校・大谷大学大学院修士課程修了（仏教学専攻）

平成20年瑞林寺住職引退。現在真宗仏光寺派本山宗務顧問、

新潟親鸞学会会長、西新潟オープンカレッジ塾長、

小針の歴史を語る会主宰／等。

著書「新潟の仏事」「なむの大地」（共著）「帰命の心」

「通夜は人生の卒業式 葬式は浄土の入学式」

「渡部丹池・解古・越山展　図録」（いずれも考古堂刊）。

論文「法蔵の運命と人間苦」「天の宗教、地の宗教」他

阿弥陀さまは人生舞台のセーフティネットです

2018年7月28日発行

著　者　廣澤　憲隆

真宗仏光寺派　瑞林寺

〒950-2022　新潟市西区小針4－5－18

TEL 025－266－1846　http://www.zuirinji.com/

発　行　株式会社考古堂書店

〒951-8063　新潟市中央区古町通4番町563番地

TEL 025－229－4058　FAX 025－224－8654

印刷所　株式会社ウィザップ
